L'era della disoccupazione

John McKinsey

1

L'ascesa dell'automazione

1 L'impatto della tecnologia sull'occupazione

La tecnologia ha sempre svolto un ruolo significativo nel modellare il mercato del lavoro. Dalla rivoluzione industriale ai giorni nostri, i progressi tecnologici hanno rivoluzionato il modo in cui lavoriamo e hanno avuto un profondo impatto sulla forza lavoro. Negli ultimi anni, tuttavia, il ritmo del cambiamento tecnologico si è accelerato, suscitando preoccupazioni sul futuro dell'occupazione e sull'aumento dell'automazione.

L'evoluzione dell'automazione

L'automazione, ovvero l'uso della tecnologia per svolgere compiti precedentemente svolti dagli esseri umani, è stata una forza trainante dietro la natura mutevole del lavoro. Ha trasformato le industrie, aumentato la produttività e migliorato l'efficienza. L'impatto dell'automazione può essere osservato in vari settori, da quello manifatturiero a quello dei servizi.

Una delle aree più significative in cui l'automazione ha avuto un profondo impatto è la produzione. L'introduzione delle macchine e della robotica ha rivoluzionato i processi produttivi, portando a un aumento della produzione e a una riduzione dei costi. I compiti che un tempo venivano svolti da lavoratori umani, come il lavoro in catena di montaggio, sono stati sostituiti da macchine in grado di eseguire compiti ripetitivi con precisione e velocità.

Se da un lato l'automazione ha indubbiamente apportato numerosi vantaggi al settore manifatturiero, dall'altro ha comportato anche uno spostamento di posti di lavoro. Molti lavori poco qualificati sono stati sostituiti dalle macchine, portando alla disoccupazione e a uno spostamento delle competenze richieste ai lavoratori. Ciò ha creato una sfida per le persone che precedentemente erano impiegate in questi ruoli e ora si ritrovano senza lavoro.

Automazione nelle industrie dei servizi

L'automazione si è fatta strada anche nel settore dei servizi, trasformando il modo in cui interagiamo con le aziende e consumiamo servizi. Dalle casse automatiche nei supermercati ai sistemi automatizzati di servizio clienti, la tecnologia ha semplificato i processi e ridotto la necessità dell'intervento umano.

Nel settore bancario, ad esempio, l'aumento dell'online banking e delle applicazioni mobili ha consentito ai clienti di eseguire transazioni e accedere ai servizi senza la necessità di filiali fisiche o sportelli bancari. Questo cambiamento ha portato a una diminuzione della domanda di lavori bancari tradizionali, come i cassieri di banca, e a un aumento della necessità di persone con competenze digitali per supportare questi progressi tecnologici.

L'impatto dell'automazione sull'occupazione è un argomento di grande dibattito. Se da un lato l'automazione ha indubbiamente portato allo spostamento di posti di lavoro in alcuni settori, dall'altro ha anche creato nuove opportunità e trasformato la natura del lavoro. I vantaggi dell'automazione includono una maggiore produttività, una migliore efficienza e la capacità di eseguire attività pericolose o fisicamente impegnative per gli esseri umani.

L'automazione ha anche portato alla creazione di nuovi posti di lavoro nelle industrie che supportano e sviluppano la tecnologia. La domanda di persone con competenze di programmazione, analisi dei dati e intelligenza artificiale è aumentata in modo significativo. Poiché la tecnologia continua ad avanzare, ci sarà una crescente necessità di persone in grado di comprendere, utilizzare e mantenere questi sistemi automatizzati.

Tuttavia, il rapido ritmo del cambiamento tecnologico ha sollevato preoccupazioni sul futuro del lavoro. Molti temono che l'automazione porterà a una diffusa perdita di posti di lavoro e disoccupazione, in particolare per i lavoratori poco qualificati. Il timore è che le macchine siano in grado di svolgere compiti in modo più efficiente e a un costo inferiore rispetto agli esseri umani, rendendo alcuni lavori obsoleti.

Inoltre, l'impatto dell'automazione non è nemmeno distribuito tra settori e regioni. Alcuni settori potrebbero subire significative perdite di posti di lavoro, mentre altri potrebbero vedere una crescita dell'occupazione. Ciò può portare a disuguaglianze di reddito e disparità di ricchezza, poiché coloro che non sono in grado di adattarsi al mercato del lavoro in evoluzione potrebbero avere difficoltà a trovare lavoro o potrebbero essere costretti a lavori meno retribuiti.

In conclusione, l'impatto della tecnologia e dell'automazione sull'occupazione è innegabile. Se da un lato l'automazione ha apportato numerosi vantaggi, come l'aumento della produttività e dell'efficienza, dall'altro ha anche portato allo spostamento di posti di lavoro e a preoccupazioni per il futuro del lavoro. Mentre ci avviciniamo all'era della disoccupazione, è fondamentale comprendere le implicazioni dell'automazione e trovare modi per adattarsi e prosperare in un mercato del lavoro in evoluzione.

2 Automazione nel settore manifatturiero

L'automazione ha rivoluzionato l'industria manifatturiera, trasformando il modo in cui i beni vengono prodotti e incidendo profondamente sulla forza lavoro. L'aumento dell'automazione nel settore manifatturiero ha comportato cambiamenti significativi, sia positivi che negativi, che hanno rimodellato il panorama del lavoro.

L'evoluzione dell'automazione nella produzione

La produzione è sempre stata in prima linea nel progresso tecnologico e l'automazione non fa eccezione. Nel corso degli anni, abbiamo assistito a un graduale passaggio dal lavoro manuale ai processi automatizzati nelle fabbriche e nelle linee di produzione. Questa transizione è stata guidata dal desiderio di maggiore efficienza, produttività ed efficienza dei costi.

Le prime forme di automazione nel settore manifatturiero possono essere fatte risalire alla rivoluzione industriale, con l'introduzione di macchinari e sistemi alimentati a vapore. Tuttavia, è stato l'avvento della tecnologia informatica e lo sviluppo dei controllori logici programmabili (PLC) a rivoluzionare davvero il settore. Questi progressi hanno consentito l'automazione di attività e processi complessi, portando a una maggiore precisione e a ritmi di produzione più rapidi.

Vantaggi dell'automazione nella produzione

L'automazione nella produzione offre numerosi vantaggi che hanno contribuito alla sua diffusa adozione. Uno dei vantaggi principali è l'aumento della produttività. I sistemi automatizzati possono lavorare instancabilmente, 24 ore su 24, 7 giorni su 7, senza bisogno di pause o riposi, con conseguente aumento della produttività e riduzione dei tempi di produzione.

Questa maggiore efficienza porta a risparmi sui costi per i produttori e a prezzi potenzialmente più bassi per i consumatori.

Inoltre, l'automazione ha migliorato la qualità e la coerenza del prodotto. Eliminando l'elemento umano dalle attività ripetitive, le possibilità di errori e difetti si riducono significativamente. I sistemi automatizzati possono eseguire attività con precisione e accuratezza, garantendo che ogni prodotto soddisfi le specifiche desiderate. Questo livello di coerenza è fondamentale, in particolare nei settori in cui la precisione è fondamentale, come la produzione aerospaziale o di dispositivi medici.

L'automazione migliora anche la sicurezza sul lavoro. Sostituendo gli esseri umani in compiti pericolosi o fisicamente impegnativi, il rischio di incidenti e lesioni è ridotto al minimo. I robot e i macchinari automatizzati possono gestire sollevamenti pesanti, movimenti ripetitivi ed esposizione a sostanze pericolose senza mettere in pericolo i lavoratori umani. Ciò non solo protegge i dipendenti, ma riduce anche l'onere finanziario per le aziende in termini di retribuzioni dei lavoratori e costi assicurativi.

Impatto sulla forza lavoro

Se da un lato l'automazione apporta vantaggi innegabili, dall'altro pone anche sfide per la forza lavoro. L'introduzione di sistemi automatizzati nel settore manifatturiero ha portato ad una diminuzione della domanda per alcuni tipi di lavori. I compiti che un tempo venivano svolti dagli esseri umani sono ora gestiti dalle macchine, con conseguente spostamento di posti di lavoro e disoccupazione per molti lavoratori.

Il gruppo più colpito è spesso quello dei lavoratori poco qualificati che svolgono compiti ripetitivi e di routine. Questi lavori sono facilmente automatizzabili, poiché le macchine possono eseguirli in modo più efficiente e a un costo inferiore. Di conseguenza, le persone che ricoprono questi ruoli potrebbero ritrovarsi senza lavoro o costrette a cercare opportunità di lavoro alternative.

Tuttavia, è importante notare che l'automazione non porta necessariamente alla completa eliminazione dei posti di lavoro. Tende invece a modificare la natura del lavoro. Mentre alcuni lavori potrebbero scomparire, emergono nuovi ruoli per supportare e mantenere i sistemi automatizzati. Queste posizioni spesso richiedono livelli più elevati di abilitò e competenze tecniche, creando una domanda di forza lavoro più qualificata.

Il ruolo degli esseri umani nella produzione automatizzata

Nonostante la crescente presenza dell'automazione nel settore manifatturiero, gli esseri umani svolgono ancora un ruolo fondamentale nel settore. Sebbene le macchine eccellano in compiti ripetitivi e precisi, mancano dell'adattabilità, delle capacità di risoluzione dei problemi e della creatività che gli esseri umani possiedono. Ciò ha portato a un cambiamento nelle tipologie di lavoro disponibili, con una maggiore enfasi sui ruoli che richiedono pensiero critico, capacità di risolvere problemi e creatività.

I lavoratori umani sono essenziali in settori quali la progettazione, l'innovazione, il controllo di qualità e la manutenzione dei sistemi automatizzati. Portano una prospettiva unica e la capacità di pensare fuori dagli schemi, che è fondamentale per promuovere l'innovazione e il miglioramento continuo nei processi di produzione. Inoltre, gli esseri umani sono meglio attrezzati per gestire compiti non di routine che richiedono flessibilità e adattabilità.

Per prosperare in un ambiente di produzione automatizzato, i lavoratori devono acquisire nuove competenze e adattarsi al panorama lavorativo in evoluzione. Ciò può comportare il miglioramento o la riqualificazione per soddisfare le esigenze del settore in evoluzione. Abbracciando l'apprendimento permanente e acquisendo nuove competenze, gli individui possono posizionarsi per avere successo nel mercato del lavoro del futuro.

Conclusione

L'automazione ha rivoluzionato il settore manifatturiero, determinando una maggiore produttività, una migliore qualità dei prodotti e una maggiore sicurezza sul posto di lavoro. Tuttavia, ciò ha anche comportato uno spostamento dei posti di lavoro e uno spostamento delle tipologie di lavoro disponibili. Sebbene l'automazione possa eliminare determinati ruoli, crea anche nuove opportunità che richiedono livelli più elevati di competenze e competenze. La chiave per prosperare in un'era di produzione automatizzata sta nell'accettare il cambiamento, acquisire nuove competenze e sfruttare le capacità uniche che gli esseri umani mettono in campo.

3 Automazione nelle industrie dei servizi

L'automazione non ha solo rivoluzionato il settore manifatturiero, ma ha anche fatto passi da gigante anche nel settore dei servizi. Dal servizio clienti all'assistenza sanitaria, l'automazione ha trasformato il modo in cui operano questi settori, portando a una maggiore efficienza e produttività. In questa sezione esploreremo l'impatto dell'automazione sulle industrie dei servizi e discuteremo i vantaggi e le sfide che presenta.

Il panorama in evoluzione delle industrie dei servizi

Le industrie dei servizi comprendono una vasta gamma di settori, tra cui vendita al dettaglio, ospitalità, finanza, sanità e servizio clienti. Tradizionalmente, queste industrie facevano molto affidamento sul lavoro umano per fornire i propri servizi. Tuttavia, con i progressi tecnologici, l'automazione è diventata un punto di svolta.

Uno degli esempi più notevoli di automazione nel settore dei servizi è l'ascesa dei chatbot e degli assistenti virtuali nel servizio clienti. Questi sistemi intelligenti possono gestire le richieste dei clienti, fornire supporto e persino elaborare le transazioni, riducendo la necessità di intervento umano. Ciò non solo fa risparmiare tempo, ma migliora anche la soddisfazione del cliente fornendo risposte immediate e precise.

Nel settore sanitario, l'automazione ha rivoluzionato diversi aspetti della cura dei pazienti. I sistemi di chirurgia robotica hanno reso gli interventi chirurgici complessi più precisi e meno invasivi, portando a tempi di recupero più rapidi e migliori risultati per i pazienti. Inoltre, i sistemi automatizzati per la distribuzione dei farmaci e la tenuta dei registri hanno semplificato le attività amministrative, consentendo agli operatori sanitari di concentrarsi maggiormente sulla cura dei pazienti.

Vantaggi dell'automazione nelle industrie dei servizi

L'automazione nel settore dei servizi offre numerosi vantaggi che contribuiscono a una maggiore efficienza e a una migliore esperienza dei clienti. In primo luogo, i sistemi automatizzati possono funzionare 24 ore su 24, 7 giorni su 7, senza necessità di pause o ferie, garantendo la disponibilità del servizio 24 ore su 24. Ciò è particolarmente vantaggioso in settori come il servizio clienti e l'ospitalità, dove i clienti si aspettano assistenza immediata in qualsiasi momento.

In secondo luogo, l'automazione riduce il rischio di errore umano. Le macchine possono eseguire compiti ripetitivi con precisione e accuratezza, riducendo al minimo il rischio di errori che possono verificarsi a causa della fatica o della distrazione. Ciò è particolarmente cruciale in settori come la finanza e la sanità, dove anche un piccolo errore può avere conseguenze significative.

Inoltre, l'automazione consente alle aziende di riallocare le risorse umane verso compiti più complessi e creativi. Automatizzando le attività banali e di routine, i dipendenti possono concentrarsi su attività che richiedono pensiero critico, risoluzione dei problemi e innovazione. Ciò non solo migliora la soddisfazione lavorativa, ma guida anche l'innovazione e la crescita all'interno delle organizzazioni.

Sfide e preoccupazioni

Sebbene l'automazione offra numerosi vantaggi, presenta anche sfide e preoccupazioni che devono essere affrontate. Una delle preoccupazioni principali è il potenziale spostamento dei lavoratori umani. Con il continuo avanzare dell'automazione, si teme che molti posti di lavoro nel settore dei servizi diventino obsoleti, portando alla disoccupazione e alla disuguaglianza economica.

Un'altra sfida è la necessità di migliorare e riqualificare la forza lavoro. Poiché l'automazione prende il sopravvento sulle attività di routine, i dipendenti devono acquisire nuove competenze per rimanere rilevanti nel mercato del lavoro. Ciò richiede un investimento significativo nella formazione e nell'istruzione per garantire che i lavoratori possano adattarsi alle mutevoli richieste del settore.

Inoltre, ci sono preoccupazioni circa l'impatto dell'automazione sulla qualità del servizio. Sebbene i sistemi automatizzati possano gestire molte attività in modo efficiente, potrebbero non avere il tocco umano e l'empatia che i clienti spesso cercano. Ciò solleva interrogativi sull'equilibrio tra automazione e mantenimento di un'esperienza cliente personalizzata.

Trovare un equilibrio

Per affrontare le sfide e sfruttare i vantaggi dell'automazione nel settore dei servizi, un approccio equilibrato è fondamentale. È essenziale trovare una via di mezzo in cui l'automazione integri le capacità umane anziché sostituirle completamente. Ciò può essere ottenuto identificando attività che possono essere automatizzate senza compromettere la qualità del servizio o l'esperienza del cliente.

Inoltre, le organizzazioni devono dare priorità al benessere dei propri dipendenti durante la transizione verso l'automazione. Ciò include fornire opportunità di miglioramento delle competenze e riqualificazione, garantire la sicurezza del lavoro e creare un ambiente di lavoro favorevole che incoraggi l'innovazione e la creatività.

Anche il governo e i politici svolgono un ruolo fondamentale nel plasmare il futuro dell'automazione nel settore dei servizi. Devono sviluppare politiche che promuovano una transizione graduale, tutelino i diritti dei lavoratori e affrontino le potenziali implicazioni sociali ed economiche dell'automazione.

L'automazione ha apportato cambiamenti significativi alle industrie dei servizi, rivoluzionando il modo in cui operano e forniscono servizi. Sebbene vi siano preoccupazioni circa lo spostamento dei posti di lavoro e l'impatto sulla qualità del servizio, l'automazione offre numerosi vantaggi, tra cui una maggiore efficienza, una migliore esperienza dei clienti e l'opportunità per i dipendenti di concentrarsi su compiti più complessi. Trovando un equilibrio tra automazione e capacità umane, possiamo creare un futuro in cui la tecnologia e le competenze umane lavorino mano nella mano per promuovere l'innovazione e la crescita nei settori dei servizi.

4 I pro ei contro dell'automazione

L'automazione ha senza dubbio rivoluzionato il modo in cui viviamo e lavoriamo. Ha apportato progressi significativi in vari settori, rendendo i processi più veloci, più efficienti e meno soggetti a errori. Tuttavia, come ogni progresso tecnologico, anche l'automazione ha i suoi pro e i suoi contro. In questa sezione esploreremo i vantaggi e gli svantaggi dell'automazione nel mercato del lavoro.

4.1 Aumento di efficienza e produttività

Uno dei vantaggi più significativi dell'automazione è la maggiore efficienza e produttività che apporta alle industrie. I sistemi automatizzati possono eseguire attività a una velocità molto più rapida rispetto agli esseri umani, riducendo il tempo necessario per completare un'attività. Ciò non solo porta a una maggiore produttività, ma consente anche alle aziende di soddisfare le richieste dei clienti in modo più efficace.

L'automazione riduce inoltre al minimo il rischio di errori e incoerenze che possono verificarsi a causa di fattori umani. Le macchine sono programmate per eseguire compiti con precisione, riducendo la probabilità di errori. Ciò può essere particolarmente vantaggioso nei settori in cui la precisione è fondamentale, come il settore manifatturiero e quello sanitario.

4.2 Riduzione dei costi

Un altro vantaggio dell'automazione è la potenziale riduzione dei costi. Sebbene l'investimento iniziale nella tecnologia di automazione possa essere significativo, i vantaggi a lungo termine spesso superano i costi. I sistemi automatizzati possono sostituire più lavoratori umani, riducendo i costi del lavoro per le aziende. Inoltre, le macchine non richiedono benefici, assenze per malattia o ferie, riducendo ulteriormente le spese per i datori di lavoro.

L'automazione può anche portare a risparmi sui costi attraverso una migliore gestione delle risorse. Le macchine possono ottimizzare l'uso di materiali, energia e tempo, con conseguente riduzione degli sprechi e maggiore efficienza. Ciò può avere un impatto positivo anche sull'ambiente, poiché l'automazione può aiutare a ridurre al minimo il consumo di risorse e le emissioni di carbonio.

4.3 Maggiore sicurezza

L'automazione ha il potenziale per migliorare la sicurezza sul lavoro riducendo l'esposizione dei lavoratori a condizioni pericolose. È possibile assegnare compiti pericolosi alle macchine, riducendo al minimo il rischio di incidenti e lesioni. Ad esempio, nelle industrie manifatturiere, i robot possono gestire macchinari pesanti ed eseguire compiti in ambienti ad alto rischio, mantenendo i lavoratori umani lontani dal pericolo.

I sistemi automatizzati possono anche essere dotati di sensori e dispositivi di sicurezza per rilevare potenziali pericoli e rispondere di conseguenza. Questo approccio proattivo alla sicurezza può aiutare a prevenire gli incidenti e proteggere i lavoratori da eventuali danni. Riducendo gli infortuni sul lavoro, l'automazione contribuisce a creare un ambiente di lavoro più sano e sicuro.

4.4 Spostamento di posti di lavoro e disoccupazione

Sebbene l'automazione offra numerosi vantaggi, solleva anche preoccupazioni riguardo allo spostamento di posti di lavoro e alla disoccupazione. Poiché le macchine subentrano in compiti precedentemente svolti dagli esseri umani, in alcuni settori vi è il rischio di perdita di posti di lavoro. Ciò può portare alla disoccupazione e all'instabilità economica per gli individui e le comunità che dipendono fortemente da tali posti di lavoro.

Il timore di uno spostamento dei posti di lavoro non è infondato. Gli studi hanno dimostrato che l'automazione ha già sostituito molti posti di lavoro, in particolare nel settore manifatturiero e nelle attività di routine. Con il continuo progresso della tecnologia, sempre più lavori rischiano di essere automatizzati, compresi quelli nel settore dei servizi e persino le professioni che un tempo erano considerate al sicuro dall'automazione.

4.5 Cambiamento di competenze e creazione di posti di lavoro

Se da un lato l'automazione può eliminare alcuni posti di lavoro, dall'altro crea anche nuove opportunità e sposta la domanda di competenze. Poiché le macchine assumono compiti ripetitivi e banali, vi è una crescente necessità di lavoratori con competenze tecniche avanzate per gestire e mantenere i sistemi automatizzati. Questo cambiamento nei requisiti di competenze apre nuove strade per l'occupazione e la crescita professionale.

L'automazione ha anche il potenziale per creare industrie e ruoli lavorativi completamente nuovi. Con l'evoluzione della tecnologia emergono nuovi prodotti e servizi, che portano alla creazione di posti di lavoro prima inimmaginabili. Ad esempio, l'ascesa dell'intelligenza artificiale ha dato vita a campi come la scienza dei dati e l'apprendimento automatico, che richiedono conoscenze e competenze specializzate.

L'adozione diffusa dell'automazione può avere un impatto significativo sull'economia nel suo complesso. Se da un lato l'automazione può portare ad un aumento della produttività e alla riduzione dei costi per le imprese, dall'altro può anche contribuire alla disuguaglianza dei redditi. I benefici dell'automazione sono spesso concentrati nelle mani degli imprenditori e degli azionisti, mentre i lavoratori possono trovarsi ad affrontare insicurezza lavorativa e salari stagnanti.

Inoltre, l'automazione può esacerbare le disparità di reddito esistenti ampliando il divario tra lavoratori altamente qualificati e lavoratori poco qualificati. Coloro che possiedono le competenze necessarie per prosperare in un mondo automatizzato potrebbero godere di salari più alti e migliori prospettive di lavoro, mentre altri potrebbero avere difficoltà a trovare un impiego significativo. Se non affrontato in modo efficace, ciò può portare a disordini sociali e disuguaglianze economiche.

4.7 Considerazioni etiche

L'automazione solleva anche importanti considerazioni etiche. Man mano che le macchine diventano più intelligenti e capaci sorgono domande sull'uso etico dell'automazione e dell'intelligenza artificiale. Questioni come la privacy, la sicurezza dei dati e il rischio di pregiudizi e discriminazioni devono essere affrontate con attenzione per garantire equità in una società automatizzata.

Inoltre, le implicazioni etiche dello spostamento di posti di lavoro e della disoccupazione non possono essere ignorate. La società deve affrontare la questione di come sostenere le persone che hanno perso il lavoro a causa dell'automazione. Ciò include la fornitura di opportunità di riqualificazione, reti di sicurezza sociale e l'esplorazione di modelli economici alternativi come il reddito di base universale.

In conclusione, l'automazione apporta vantaggi e svantaggi al mercato del lavoro. Se da un lato migliora l'efficienza, la produttività e la sicurezza, dall'altro pone anche sfide come lo spostamento di posti di lavoro, la disuguaglianza di reddito e preoccupazioni etiche. Mentre attraversiamo l'era della disoccupazione, è fondamentale trovare un equilibrio tra l'adozione dei vantaggi dell'automazione e la mitigazione dei suoi impatti negativi per creare un futuro che avvantaggi tutti i membri della società.

2

La natura mutevole del lavoro

1 La gig economy

Negli ultimi anni, il mondo ha assistito a un cambiamento significativo nel modo in cui le persone lavorano. L'ascesa della gig economy ha rivoluzionato il panorama occupazionale tradizionale, offrendo agli individui un nuovo modo di guadagnarsi da vivere. La gig economy si riferisce ad un mercato del lavoro caratterizzato dalla prevalenza di contratti a breve termine o di lavoro freelance, rispetto al lavoro a tempo indeterminato. Questa tendenza emergente è stata alimentata dai progressi tecnologici, dal cambiamento degli atteggiamenti sociali e dal desiderio di maggiore flessibilità e autonomia nel lavoro.

L'ascesa del lavoro collettivo

La gig economy ha guadagnato slancio a causa di diversi fattori. Uno dei fattori chiave è il rapido progresso delle piattaforme digitali e dei mercati online che mettono in contatto i lavoratori con i datori di lavoro. Queste piattaforme hanno reso più facile che mai per le persone offrire i propri servizi e trovare opportunità di lavoro. Che si tratti di guidare per un servizio di ride-sharing, di consegnare generi alimentari o di fornire servizi di progettazione grafica freelance, la gig economy offre una vasta gamma di opzioni per i lavoratori di vari settori.

Un altro fattore che contribuisce all'aumento del lavoro gig è il cambiamento delle preferenze e delle aspettative della forza lavoro. Molte persone cercano un maggiore controllo sul proprio equilibrio tra lavoro e vita privata e sono attratte dalla flessibilità e dalla libertà offerte dal lavoro temporaneo. Questo cambiamento di mentalità ha portato un numero crescente di persone a optare per il lavoro temporaneo come mezzo per guadagnare un reddito perseguendo altri interessi o obiettivi personali.

Vantaggi e sfide

La gig economy offre numerosi vantaggi sia ai lavoratori che ai datori di lavoro. Per i lavoratori, offre l'opportunità di avere un orario più flessibile, scegliere i progetti su cui vogliono lavorare ed essere il capo di se stessi. Questo livello di autonomia può essere particolarmente allettante per coloro che apprezzano l'indipendenza e preferiscono lavorare alle proprie condizioni. Inoltre, il lavoro temporaneo può fornire una fonte di reddito durante i periodi di disoccupazione o sottoccupazione, offrendo una rete di sicurezza per le persone in tempi economici incerti.

Anche i datori di lavoro traggono vantaggio dalla gig economy poiché consente loro di attingere a un pool diversificato di talenti in base alle necessità. Possono accedere a competenze specializzate senza l'impegno a lungo termine e i costi associati all'assunzione di dipendenti a tempo pieno. Questa flessibilità consente alle aziende di adattarsi rapidamente alle mutevoli richieste del mercato e di ridimensionare la propria forza lavoro di conseguenza.

Tuttavia, la gig economy non è priva di sfide. Una delle preoccupazioni principali è la mancanza di benefici occupazionali e di tutele tipicamente associati all'occupazione tradizionale. I lavoratori temporanei spesso non ricevono benefici come assicurazione sanitaria, piani pensionistici o ferie retribuite. Inoltre, la natura imprevedibile del lavoro gig può portare all'instabilità del reddito e all'insicurezza finanziaria per alcuni individui. Senza la stabilità di uno stipendio fisso, i lavoratori dei concerti potrebbero avere difficoltà a pianificare il futuro o a far fronte ai propri obblighi finanziari.

Il futuro del lavoro

La continua crescita della gig economy sta rimodellando il futuro del lavoro. Le nozioni tradizionali di lavoro vengono messe in discussione e il concetto di carriera permanente con un unico datore di lavoro sta diventando meno comune. Invece, le persone stanno abbracciando un approccio più fluido e dinamico al lavoro, spostandosi tra diversi incarichi e progetti nel corso della loro carriera.

La gig economy offre inoltre agli individui l'opportunità di sviluppare un insieme diversificato di competenze ed esperienze. Ad ogni nuovo lavoro, i lavoratori hanno la possibilità di apprendere e adattarsi, acquisendo preziose informazioni e conoscenze che possono migliorare la loro occupabilità. Questo costante apprendimento e miglioramento delle competenze stanno diventando essenziali in un mercato del lavoro in rapida evoluzione, dove i progressi tecnologici e l'automazione stanno rimodellando le competenze richieste per i vari ruoli.

Inoltre, la gig economy ha il potenziale per promuovere l'imprenditorialità e l'innovazione. Molti lavoratori gig sono appaltatori indipendenti che hanno la libertà di perseguire le proprie iniziative imprenditoriali insieme al loro lavoro gig. Questo spirito imprenditoriale può portare alla creazione di nuovi prodotti, servizi e opportunità di lavoro, guidando la crescita economica e l'innovazione.

In conclusione, la gig economy sta trasformando il modo in cui lavoriamo, offrendo agli individui maggiore flessibilità e autonomia nella loro carriera. Sebbene presenti numerosi vantaggi, come la flessibilità e l'accesso a una vasta gamma di talenti per i datori di lavoro, pone anche sfide legate alla stabilità del reddito e alla mancanza di benefici occupazionali. Mentre la gig economy continua ad evolversi, è fondamentale che politici, imprese e lavoratori affrontino queste sfide e garantiscano che il futuro del lavoro sia inclusivo, giusto e sostenibile.

2.2 Lavoro a distanza e telelavoro

Nel panorama del lavoro in continua evoluzione, il lavoro a distanza e il telelavoro sono emersi come tendenze significative che stanno rimodellando il modo in cui pensiamo all'occupazione tradizionale. Con i progressi della tecnologia e la crescente connettività del mondo, il concetto di essere fisicamente presenti in un ufficio non è più una necessità per molti professionisti. Il lavoro a distanza e il telelavoro offrono agli individui la libertà di lavorare da qualsiasi luogo, abbattendo le barriere geografiche e fornendo una serie di vantaggi sia ai dipendenti che ai datori di lavoro.

L'ascesa del lavoro a distanza

Il lavoro a distanza, noto anche come telelavoro, si riferisce alla pratica di lavorare al di fuori dell'ambiente di ufficio tradizionale. Ciò può comportare il lavoro da casa, uno spazio di coworking o qualsiasi altro luogo adatto alle esigenze dell'individuo. L'aumento del lavoro a distanza può essere attribuito a diversi fattori, tra cui i progressi tecnologici, il cambiamento dell'atteggiamento nei confronti dell'equilibrio tra lavoro e vita privata e la crescente domanda di flessibilità sul posto di lavoro.

Vantaggi del lavoro a distanza

Il lavoro a distanza offre numerosi vantaggi sia ai dipendenti che ai datori di lavoro. Per i dipendenti, la possibilità di lavorare da remoto offre un maggiore livello di flessibilità e autonomia. Elimina la necessità di lunghi spostamenti, riduce lo stress associato al traffico nelle ore di punta e consente alle persone di creare un ambiente di lavoro adatto alle loro preferenze. Il lavoro a distanza consente inoltre un migliore equilibrio tra lavoro e vita privata, poiché consente alle persone di trascorrere più tempo con le proprie famiglie, perseguire interessi personali e mantenere uno stile di vita più sano.

Anche i datori di lavoro beneficiano di accordi di lavoro a distanza. Abbracciando il lavoro a distanza, le aziende possono attingere a un pool di talenti globale, accedendo a professionisti qualificati provenienti da diverse parti del mondo. Ciò espande il potenziale di innovazione e diversità all'interno della forza lavoro. Il lavoro a distanza riduce anche i costi generali per i datori di lavoro, poiché non hanno più bisogno di fornire uffici fisici a tutti i dipendenti. Inoltre, gli studi hanno dimostrato che i lavoratori a distanza sono spesso più produttivi e sperimentano una maggiore soddisfazione sul lavoro, con conseguente maggiore fidelizzazione dei dipendenti.

Superare le sfide

Sebbene il lavoro a distanza offra numerosi vantaggi, non è privo di sfide. Una delle preoccupazioni principali dei datori di lavoro è garantire una comunicazione e una collaborazione efficaci tra i team remoti. Tuttavia, i progressi nella tecnologia della comunicazione, come le videoconferenze, la messaggistica istantanea e gli strumenti di gestione dei progetti, hanno reso più semplice che mai colmare il divario tra i lavoratori remoti. Check-in regolari, riunioni virtuali e canali di comunicazione chiari sono essenziali per mantenere un team remoto coeso e produttivo.

Per i dipendenti, una delle sfide del lavoro a distanza è mantenere un sano equilibrio tra lavoro e vita privata. Senza confini chiari tra lavoro e vita personale, può essere facile confondere i confini e ritrovarsi a lavorare per più ore. Stabilire uno spazio di lavoro dedicato, stabilire orari di lavoro chiari e praticare l'autodisciplina sono fondamentali per mantenere un sano equilibrio tra lavoro e vita privata mentre si lavora da remoto.

Il futuro del lavoro a distanza

Poiché la tecnologia continua ad avanzare e il mondo diventa sempre più interconnesso, si prevede che il lavoro a distanza diventerà ancora più diffuso in futuro. La pandemia di COVID-19 ha accelerato l'adozione del lavoro a distanza, con molte aziende che si sono rese conto dei vantaggi e della fattibilità delle modalità di lavoro a distanza. Questo cambiamento ha portato a una rivalutazione degli spazi ufficio tradizionali e a una maggiore enfasi sulle opzioni di lavoro flessibili.

Il futuro del lavoro a distanza racchiude anche il potenziale per una maggiore collaborazione e innovazione. Poiché i team remoti diventano la norma, le aziende stanno investendo in strumenti e piattaforme che facilitano la comunicazione e la collaborazione senza soluzione di continuità. Le tecnologie della realtà virtuale e della realtà aumentata possono migliorare ulteriormente la collaborazione remota, consentendo agli individui di sentirsi come se fossero fisicamente presenti nello stesso spazio, indipendentemente dalla loro posizione geografica.

Il lavoro a distanza e il telelavoro hanno rivoluzionato il modo in cui affrontiamo il lavoro, offrendo alle persone la libertà di lavorare da qualsiasi luogo e fornendo numerosi vantaggi sia ai dipendenti che ai datori di lavoro. L'aumento del lavoro a distanza è stato guidato dai progressi tecnologici, dal cambiamento dell'atteggiamento nei confronti dell'equilibrio tra lavoro e vita privata e dalla necessità di flessibilità sul posto di lavoro. Anche se ci sono sfide da superare, come una comunicazione efficace e il mantenimento dell'equilibrio tra lavoro e vita privata, il futuro del lavoro a distanza sembra promettente. Continuando ad abbracciare le possibilità del lavoro a distanza, possiamo creare un ambiente di lavoro più inclusivo, flessibile e produttivo per tutti.

2.3 L'ascesa del freelance

Nel panorama del lavoro in continua evoluzione, una tendenza che ha guadagnato terreno in modo significativo è l'ascesa del freelance. Mentre i modelli occupazionali tradizionali continuano a cambiare, sempre più persone abbracciano la libertà e la flessibilità che derivano dall'essere un libero professionista. Questo capitolo esplora l'ascesa del freelance, il suo impatto sul mercato del lavoro e le opportunità e le sfide che presenta.

L'evoluzione del freelance

Il freelance non è un concetto nuovo. Esiste da secoli, con artigiani e professionisti che offrono i loro servizi in modo indipendente. Tuttavia, negli ultimi anni, i progressi tecnologici e i cambiamenti nell'economia globale hanno spinto l'economia freelance a nuovi livelli.

La rivoluzione digitale ha svolto un ruolo fondamentale nell'ascesa del freelance. Internet ha reso più facile che mai per le persone entrare in contatto con i clienti e mostrare le proprie capacità e competenze. Sono emerse piattaforme e mercati online, che offrono ai liberi professionisti una vasta gamma di opportunità in vari settori e industrie.

I vantaggi del freelance

Il freelance offre numerosi vantaggi che hanno contribuito alla sua crescente popolarità. Uno dei principali vantaggi è la libertà e la flessibilità che offre. I freelance hanno l'autonomia di scegliere i propri progetti, impostare i propri programmi e lavorare da qualsiasi parte del mondo. Questo livello di controllo sul proprio equilibrio tra lavoro e vita privata è molto allettante per molti individui.

Inoltre, i liberi professionisti hanno l'opportunità di diversificare i propri flussi di reddito. Lavorando su più progetti per clienti diversi, possono mitigare il rischio di fare affidamento su un unico datore di lavoro. Questa flessibilità consente ai liberi professionisti di adattarsi alle mutevoli richieste del mercato ed esplorare nuove opportunità.

Le sfide del freelance

Sebbene il freelance offra molti vantaggi, presenta anche una buona dose di sfide. Una delle principali difficoltà che i freelance devono affrontare è la mancanza di sicurezza sul lavoro. A differenza dei dipendenti tradizionali, i liberi professionisti non hanno la stabilità di uno stipendio fisso o di benefici come l'assicurazione sanitaria e i piani pensionistici. Devono affrontare le incertezze della gig economy e cercare costantemente nuovi progetti per sostenere il proprio reddito.

Un'altra sfida è la necessità di autodisciplina e automotivazione. I liberi professionisti sono responsabili della gestione del proprio tempo, del rispetto delle scadenze e della garanzia della qualità del proprio lavoro. Senza la struttura e la responsabilità di un ambiente di lavoro tradizionale, può essere facile soccombere alle distrazioni o alla procrastinazione.

La Gig Economy e il freelance

L'ascesa del freelance è strettamente intrecciata con l'emergere della gig economy. La gig economy si riferisce ad un mercato del lavoro caratterizzato da contratti a breve termine o lavoro freelance in contrapposizione al lavoro a tempo indeterminato.

Comprende una vasta gamma di settori, dai servizi di ride-sharing ai liberi professionisti creativi.

Il freelance è diventato una componente significativa della gig economy, con gli individui che sfruttano le proprie capacità e competenze per offrire servizi sulla base di progetti. Questo cambiamento nel panorama occupazionale è stato guidato da vari fattori, tra cui il desiderio di flessibilità, il perseguimento dell'equilibrio tra lavoro e vita privata e le mutevoli esigenze delle imprese.

Il futuro del freelance

Poiché la tecnologia continua ad avanzare e la natura del lavoro si evolve, il futuro del freelance sembra promettente. Si prevede che la gig economy crescerà ulteriormente, con sempre più persone che opteranno per il lavoro freelance come principale fonte di reddito. La capacità di lavorare da remoto e la crescente domanda di competenze specializzate stanno guidando questa tendenza.

Inoltre, si prevede che l'aumento dell'automazione e dell'intelligenza artificiale creerà nuove opportunità per i liberi professionisti. Man mano che alcune attività diventano automatizzate, le persone dovranno concentrarsi su aree che richiedono creatività umana, pensiero critico e capacità di risoluzione dei problemi. I liberi professionisti, con la loro capacità di adattarsi e offrire servizi specializzati, sono ben posizionati per prosperare in questo panorama in evoluzione.

L'ascesa del freelance è una testimonianza della natura in evoluzione del lavoro nell'era moderna. Offre alle persone la libertà di perseguire le proprie passioni, il controllo sui propri programmi e l'opportunità di diversificare il proprio reddito. Tuttavia, il freelance comporta anche una serie di sfide, tra cui l'insicurezza del lavoro e la necessità di autodisciplina.

Mentre la gig economy continua ad espandersi e la tecnologia rimodella le industrie, è probabile che il freelance svolga un ruolo sempre più significativo nel mercato del lavoro. Cogliere le opportunità e affrontare le sfide del freelance sarà fondamentale per le persone che cercano di prosperare nell'era della disoccupazione.

2.4 Il futuro del lavoro

Il futuro del lavoro è un tema ampiamente discusso e dibattuto negli ultimi anni. Mentre la tecnologia continua ad avanzare a un ritmo senza precedenti, il modo in cui lavoriamo sta subendo una trasformazione significativa. L'aumento dell'automazione, dell'intelligenza artificiale e di altri progressi tecnologici stanno rimodellando il mercato del lavoro e sollevando interrogativi sul futuro dell'occupazione.

2.4.1 L'impatto dell'automazione

L'automazione ha già avuto un profondo impatto su vari settori e si prevede che la sua influenza aumenterà solo nei prossimi anni. Molte attività di routine e ripetitive che un tempo venivano eseguite dagli esseri umani vengono ora automatizzate, con conseguente aumento di efficienza e produttività. Tuttavia, questa automazione solleva anche preoccupazioni circa lo spostamento dei posti di lavoro e il rischio di una disoccupazione diffusa.

2.4.2 L'ascesa dell'intelligenza artificiale

L'intelligenza artificiale (AI) è un altro progresso tecnologico pronto a rimodellare il futuro del lavoro. I sistemi di intelligenza artificiale stanno diventando sempre più sofisticati, in grado di svolgere compiti complessi che un tempo si pensava fossero esclusivi dell'intelligenza umana. Dalle auto a guida autonoma agli assistenti virtuali, l'intelligenza artificiale sta rivoluzionando vari settori e cambiando il modo in cui lavoriamo.

2.4.3 La Gig Economy e il freelance

La gig economy e il freelance hanno acquisito una notevole popolarità negli ultimi anni, offrendo alle persone l'opportunità di lavorare progetto per progetto invece di essere vincolati al tradizionale lavoro dalle 9 alle 5. Questo passaggio verso modalità di lavoro più flessibili è stato facilitato dai progressi tecnologici, che consentono alle persone di connettersi con clienti e clienti da qualsiasi parte del mondo. Tuttavia, la gig economy presenta anche sfide quali l'insicurezza del lavoro e la mancanza di benefici.

2.4.4 Il ruolo dell'uomo nel futuro del lavoro

Sebbene l'automazione e l'intelligenza artificiale stiano senza dubbio trasformando il mercato del lavoro, è importante riconoscere le competenze e le abilità uniche che gli esseri umani mettono in campo. Man mano che la tecnologia prende il sopravvento sulle attività di routine, c'è una crescente domanda di competenze unicamente umane, come la creatività, il pensiero critico, l'intelligenza emotiva e la risoluzione dei problemi. Queste competenze sono difficili da replicare con la tecnologia, il che le rende estremamente preziose nel futuro del lavoro.

2.4.5 La necessità di apprendimento permanente

Poiché la natura del lavoro continua ad evolversi, è fondamentale che gli individui adottino l'apprendimento permanente. Le competenze richieste nel mercato del lavoro cambiano costantemente e gli individui devono essere disposti ad adattarsi e acquisire nuove competenze per rimanere rilevanti. L'apprendimento continuo e il miglioramento delle competenze saranno essenziali affinché le persone possano prosperare nel futuro del lavoro.

2.4.6 L'importanza della collaborazione e dell'adattabilità

In un ambiente di lavoro in rapida evoluzione, la collaborazione e l'adattabilità saranno la chiave del successo. Man mano che la tecnologia continua ad avanzare, emergeranno nuovi ruoli lavorativi e nuovi settori, che richiederanno agli individui di lavorare insieme e adattarsi a nuovi modi di lavorare. La capacità di collaborare efficacemente sia con gli esseri umani che con le macchine sarà cruciale nel futuro del lavoro.

2.4.7 Ridefinire l'equilibrio tra lavoro e vita privata

Il futuro del lavoro richiede anche una ridefinizione dell'equilibrio tra lavoro e vita privata. Con la possibilità di lavorare da remoto e la labilità dei confini tra lavoro e vita personale, è importante trovare un equilibrio che consenta alle persone di prosperare sia a livello professionale che personale. Ciò può comportare la definizione di limiti, la priorità nella cura di sé e la ricerca di modi per disconnettersi dal lavoro quando necessario.

2.4.8 Il ruolo del governo e delle politiche

Poiché il mercato del lavoro continua ad evolversi, i governi e i politici svolgeranno un ruolo cruciale nel plasmare il futuro del lavoro. Dovranno sviluppare politiche che affrontino le sfide poste dall'automazione e dall'intelligenza artificiale, come lo spostamento di posti di lavoro e la disuguaglianza di reddito. Inoltre, i governi potrebbero dover esplorare nuove reti di sicurezza sociale, come il reddito di base universale, per garantire che gli individui abbiano accesso alle risorse di cui hanno bisogno in un'era di senza lavoro.

In conclusione, il futuro del lavoro sarà senza dubbio modellato dall'automazione, dall'intelligenza artificiale e da altri progressi tecnologici. Sebbene questi cambiamenti possano portare a spostamenti e sfide lavorative, offrono anche opportunità per gli individui di sviluppare nuove competenze e abbracciare nuovi modi di lavorare. La collaborazione, l'adattabilità e l'apprendimento permanente saranno fondamentali per prosperare nel futuro del lavoro. Anche i governi e i politici hanno un ruolo cruciale da svolgere nel garantire una transizione giusta ed equa verso un'era senza lavoro. Abbracciando il cambiamento e creando un futuro positivo, possiamo affrontare le sfide e cogliere le opportunità che ci attendono.

3

La società senza lavoro

3.1 La disoccupazione e le sue conseguenze

La disoccupazione è un problema urgente che ha conseguenze di vasta portata per gli individui, le comunità e le società nel loro complesso. Poiché l'automazione e i progressi tecnologici continuano a rimodellare il mercato del lavoro, il numero di persone disoccupate è in aumento. Questo capitolo esplora le varie conseguenze della disoccupazione e le sfide che pone alla nostra società.

L'impatto economico della disoccupazione

La disoccupazione ha implicazioni economiche significative. Quando gli individui non riescono a trovare lavoro, non sono in grado di contribuire all'economia attraverso il loro potere d'acquisto. Questa mancanza di spesa al consumo può portare a una diminuzione della domanda di beni e servizi, che a sua volta può comportare una riduzione della produzione e licenziamenti in altri settori. L'effetto a catena della disoccupazione può creare una spirale discendente, portando a ulteriori perdite di posti di lavoro e instabilità economica.

Inoltre, la disoccupazione grava sulle risorse pubbliche. Poiché i disoccupati cercano assistenza finanziaria attraverso i sussidi di disoccupazione e altri programmi di assistenza sociale, il governo deve stanziare una parte significativa del proprio budget per sostenerli. Questa tensione sulle finanze pubbliche può limitare la capacità del governo di investire in altri settori come le infrastrutture, l'istruzione e la sanità.

Conseguenze sociali della disoccupazione

La disoccupazione non colpisce solo finanziariamente gli individui, ma ha anche profonde conseguenze sociali. La disoccupazione può portare a sentimenti di isolamento, bassa autostima e perdita di scopo. La mancanza di una routine quotidiana e l'assenza di interazioni sociali legate al lavoro possono contribuire a problemi di salute mentale come depressione e ansia.

La disoccupazione può anche mettere a dura prova le relazioni e portare a tensioni familiari. Lo stress finanziario e l'incapacità di soddisfare i bisogni primari possono creare conflitti all'interno delle famiglie. Inoltre, la perdita del lavoro può sconvolgere le reti sociali e i sistemi di supporto, rendendo più difficile per le persone trovare nuove opportunità o cercare supporto emotivo.

L'impatto della disoccupazione sulla salute fisica e mentale non può essere trascurato. Gli studi hanno dimostrato che la disoccupazione è associata a tassi più elevati di malattie croniche, tra cui malattie cardiovascolari, diabete e obesità. Lo stress e l'ansia causati dalla disoccupazione possono indebolire il sistema immunitario e aumentare il rischio di sviluppare problemi di salute.

Inoltre, la perdita dell'assicurazione sanitaria fornita dal datore di lavoro può lasciare le persone senza accesso alle cure mediche necessarie. Questa mancanza di copertura sanitaria può ulteriormente esacerbare i problemi sanitari e creare ostacoli alla ricerca di cure.

Aumento del tasso di criminalità

La disoccupazione è stata collegata ad un aumento dei tassi di criminalità. Quando le persone non riescono a trovare un lavoro legittimo, alcune possono dedicarsi ad attività illegali come mezzo di sopravvivenza. La disperazione e la tensione finanziaria possono spingere le persone a intraprendere comportamenti criminali, portando a un aumento dei furti, dei reati legati alla droga e di altre attività illecite.

Inoltre, i disordini sociali causati dagli alti tassi di disoccupazione possono creare un ambiente favorevole ai disordini civili e all'instabilità politica. La disoccupazione può alimentare le tensioni sociali e contribuire ai disordini sociali, poiché gli individui si sentono frustrati dalla mancanza di opportunità e dal crescente divario di ricchezza.

Conseguenze a lungo termine

Le conseguenze della disoccupazione possono estendersi oltre l'impatto immediato sugli individui e sulle comunità. Periodi prolungati di disoccupazione possono portare a cambiamenti strutturali a lungo termine nel mercato del lavoro. Con il continuo progresso della tecnologia, alcuni lavori potrebbero diventare obsoleti, lasciando gli individui con competenze obsolete e prospettive limitate di rioccupazione.

Inoltre, quanto più a lungo le persone rimangono disoccupate, tanto più difficile diventa per loro rientrare nel mondo del lavoro. Le lacune nella storia lavorativa e la mancanza di esperienza recente possono rendere difficile competere con altre persone in cerca di lavoro. Ciò può perpetuare un ciclo di disoccupazione e creare una classe di individui cronicamente senza lavoro.

Conclusione

La disoccupazione è una questione complessa con conseguenze di vasta portata. Non influisce solo sul benessere finanziario degli individui, ma ha anche significative implicazioni sociali, sanitarie ed economiche. Affrontare le sfide poste dalla disoccupazione richiede un approccio globale che includa la ridefinizione dell'istruzione e della formazione, l'implementazione di reti di sicurezza sociale e la promozione di un ambiente che promuova l'imprenditorialità e l'innovazione. Solo comprendendo e affrontando le conseguenze della disoccupazione possiamo lottare per creare una società più inclusiva e resiliente.

3.2 Disuguaglianza di reddito e disparità di ricchezza

Mentre approfondiamo l'era del senza lavoro, una delle questioni più urgenti che si pone è la disuguaglianza di reddito e la disparità di ricchezza. Con l'aumento dell'automazione e il declino dell'occupazione tradizionale, la distribuzione della ricchezza diventa sempre più distorta, lasciando molti individui e comunità in difficoltà ad arrivare a fine mese. In questa sezione esploreremo le cause e le conseguenze della disuguaglianza di reddito e di ricchezza in una società senza lavoro.

Il divario crescente

In una società senza lavoro, il divario tra ricchi e poveri si allarga notevolmente. Poiché l'automazione prende il sopravvento su molti posti di lavoro, coloro che possiedono e controllano la tecnologia e il capitale ne raccolgono i benefici, mentre la maggior parte della popolazione si trova ad affrontare la disoccupazione o la sottoccupazione. Questa concentrazione della ricchezza nelle mani di pochi aggrava la disuguaglianza dei redditi, portando a una società in cui una piccola frazione della popolazione detiene una quantità sproporzionata di ricchezza e potere.

L'avvento dell'automazione e delle tecnologie avanzate approfondisce ulteriormente il divario tra chi ha e chi non ha. Coloro che possiedono le competenze e l'istruzione necessarie per adattarsi al mercato del lavoro in evoluzione hanno maggiori possibilità di assicurarsi posti di lavoro ben retribuiti o di creare le proprie opportunità. Tuttavia, le persone che non hanno accesso a un'istruzione di qualità o non hanno i mezzi per acquisire nuove competenze vengono lasciate indietro, intrappolate in un ciclo di povertà e prospettive economiche limitate.

Interruzione delle industrie tradizionali

L'automazione sconvolge le industrie tradizionali, portando allo spostamento dei lavoratori e all'erosione della sicurezza del lavoro. Poiché le macchine e gli algoritmi sostituiscono il lavoro umano, molti individui si ritrovano senza una fonte di reddito. Questa interruzione è particolarmente avvertita in settori come l'industria manifatturiera e dei servizi, dove le attività di routine sono facilmente automatizzate. La perdita di posti di lavoro in questi settori contribuisce alla disuguaglianza di reddito e alla disparità di ricchezza, poiché coloro che una volta erano impiegati in lavori stabili e ben retribuiti sono costretti a posizioni meno retribuite e meno sicure.

Impatto sulla mobilità sociale

La disuguaglianza di reddito e la disparità di ricchezza hanno un profondo impatto sulla mobilità sociale. In una società senza lavoro, la capacità di salire la scala socioeconomica diventa sempre più difficile per coloro che sono già svantaggiati. Senza l'accesso a un'occupazione stabile e l'opportunità di accumulare ricchezza, gli individui e le comunità sono intrappolati in un ciclo di povertà, con strade limitate per la mobilità verso l'alto. Questa mancanza di mobilità sociale non solo perpetua la disuguaglianza di reddito, ma ostacola anche la crescita economica complessiva e la coesione sociale.

Tensioni sui sistemi di welfare sociale

Il crescente divario di reddito mette a dura prova i sistemi di assistenza sociale. Con l'aumento dei tassi di disoccupazione e la stagnazione dei livelli di reddito per gran parte della popolazione, aumenta la domanda di programmi di assistenza sociale. Tuttavia, le risorse disponibili per sostenere chi ne ha bisogno diventano sempre più limitate. Questa tensione sui sistemi di assistenza sociale aggrava ulteriormente la disuguaglianza di reddito, poiché coloro che non sono in grado di accedere a un sostegno adeguato sono lasciati a sopportare il peso delle difficoltà economiche.

Disordini politici e sociali

La disuguaglianza di reddito e la disparità di ricchezza possono avere conseguenze politiche e sociali di vasta portata. Quando una parte significativa della popolazione si sente emarginata ed esclusa dalle opportunità economiche, ciò può portare a disordini politici, sconvolgimenti sociali e al crollo della fiducia nelle istituzioni. La frustrazione e la disillusione che derivano dalla mancanza di prospettive economiche possono alimentare movimenti sociali e ideologie politiche che mettono in discussione l'ordine esistente. Affrontare la disuguaglianza di reddito e la disparità di ricchezza non è solo una questione di giustizia economica ma è anche cruciale per mantenere la stabilità e l'armonia sociale.

Affrontare il divario

Per mitigare la disuguaglianza di reddito e la disparità di ricchezza in una società senza lavoro, è imperativo attuare politiche e iniziative che promuovano l'inclusione economica e le pari opportunità. Ciò richiede un approccio articolato che includa:

1. Istruzione e sviluppo delle competenze

Investire nell'istruzione e nello sviluppo delle competenze è fondamentale per fornire ai singoli individui gli strumenti di cui hanno bisogno per prosperare in un mercato del lavoro in evoluzione. Fornendo un'istruzione accessibile e di qualità, formazione professionale e opportunità di apprendimento permanente, gli individui possono acquisire le competenze necessarie per adattarsi ai progressi tecnologici e assicurarsi un'occupazione significativa.

2. Tassazione progressiva e redistribuzione

L'attuazione di politiche fiscali progressive può aiutare a ridistribuire la ricchezza e ridurre la disuguaglianza dei redditi. Tassando i ricchi a tassi più elevati e utilizzando tali fondi per investire in programmi di assistenza sociale, i governi possono fornire una rete di sicurezza per coloro che sono più vulnerabili in una società senza lavoro.

3. Reddito di base universale

Il reddito di base universale (UBI) ha guadagnato terreno come potenziale soluzione alla disuguaglianza di reddito. L'UBI fornirebbe un reddito garantito a tutti i cittadini, indipendentemente dallo status lavorativo, garantendo uno standard di vita di base per tutti. Questo approccio mira ad alleviare la povertà, ridurre le disparità di reddito e fornire agli individui i mezzi per perseguire l'istruzione, l'imprenditorialità o altre attività.

4. Rafforzare i diritti dei lavoratori

Proteggere e rafforzare i diritti dei lavoratori è essenziale per garantire salari equi, condizioni di lavoro sicure e sicurezza del lavoro. Dando maggiore potere ai lavoratori e promuovendo la contrattazione collettiva, i governi possono contribuire a colmare il divario di reddito e a creare una società più equa.

5. Promuovere l'imprenditorialità e l'innovazione

Incoraggiare l'imprenditorialità e l'innovazione può creare nuove strade per la creazione di ricchezza e la mobilità economica. Fornendo sostegno e risorse agli aspiranti imprenditori, i governi possono promuovere una cultura dell'innovazione e consentire agli individui di creare le proprie opportunità in una società senza lavoro.

La disuguaglianza di reddito e la disparità di ricchezza sono sfide significative che emergono in una società senza lavoro. La concentrazione della ricchezza, lo sconvolgimento delle industrie tradizionali e la limitata mobilità sociale contribuiscono ad ampliare il divario tra ricchi e poveri. Tuttavia, attuando politiche globali che diano priorità all'istruzione, alla tassazione progressiva, al benessere sociale e all'imprenditorialità, è possibile affrontare questi problemi e creare un futuro più equo e inclusivo per tutti.

3.3 Implicazioni sociali della disoccupazione

Mentre approfondiamo l'era del senza lavoro, è fondamentale comprendere le implicazioni sociali che derivano dalla disoccupazione diffusa. L'assenza di opportunità di lavoro tradizionali ha conseguenze di vasta portata che vanno oltre il livello individuale e influiscono sulla società nel suo complesso. In questa sezione esploreremo le varie implicazioni sociali della disoccupazione e le sfide che presentano.

3.3.1 Perdita di identità e autostima

Per molti individui, il lavoro svolge un ruolo significativo nel modellare la propria identità e nel fornire un senso di scopo e autostima. Quando i posti di lavoro scarseggiano, le persone possono sperimentare una profonda perdita di identità, che porta a sentimenti di inutilità e disperazione. L'assenza di un lavoro significativo può erodere l'autostima e contribuire a problemi di salute mentale come depressione e ansia. Mentre la società entra in un'era senza lavoro, diventa fondamentale affrontare queste sfide psicologiche e trovare modi alternativi affinché gli individui possano trovare un senso di scopo e realizzazione.

3.3.2 Aumento della disuguaglianza sociale

La disoccupazione aggrava le disuguaglianze sociali esistenti e ne crea di nuove. Senza accesso a un'occupazione stabile, gli individui e le famiglie potrebbero avere difficoltà a soddisfare i propri bisogni di base, con conseguente aumento della povertà e della disparità economica. Il divario tra ricchi e poveri si allarga poiché coloro che hanno accesso a risorse e opportunità continuano a prosperare mentre gli altri vengono lasciati indietro. Questa crescente disuguaglianza può portare a disordini sociali, risentimento e rottura della coesione sociale. È imperativo che la società affronti queste disparità e lavori per creare un futuro più equo.

3.3.3 Reti di sicurezza sociale tese

In una società senza lavoro, la domanda di reti di sicurezza sociale e programmi di welfare aumenta in modo significativo. Con l'aumento della disoccupazione, i governi devono adattare ed espandere i propri sistemi di sostegno sociale per provvedere a coloro che non riescono a trovare lavoro. Ciò mette a dura prova le risorse pubbliche e richiede soluzioni innovative per garantire che tutti abbiano accesso a beni di prima necessità come cibo, alloggio e assistenza sanitaria. È essenziale che i governi affrontino in modo proattivo queste sfide e sviluppino reti di sicurezza sociale sostenibili in grado di sostenere individui e famiglie durante i periodi di disoccupazione.

3.3.4 Rottura delle strutture sociali

Le strutture e le istituzioni sociali tradizionali sono profondamente intrecciate con il concetto di lavoro. Man mano che la disoccupazione diventa più diffusa, queste strutture potrebbero subire interruzioni significative. Le comunità che un tempo erano incentrate su industrie e luoghi di lavoro potrebbero avere difficoltà ad adattarsi al panorama in evoluzione. La perdita di posti di lavoro può portare al declino delle economie locali, all'aumento della migrazione e alla disintegrazione dei legami sociali. È fondamentale che le comunità si uniscano e trovino nuovi modi per favorire le connessioni sociali e sostenere le reti in assenza di opportunità di lavoro tradizionali.

3.3.5 Impatto sull'istruzione e sullo sviluppo delle competenze

L'era della disoccupazione richiede una rivisitazione dell'istruzione e dello sviluppo delle competenze. Man mano che i lavori tradizionali diventano obsoleti, gli individui devono acquisire nuove competenze per rimanere rilevanti nel mercato del lavoro in evoluzione. Tuttavia, la mancanza di opportunità di lavoro può rendere difficile per i singoli investire nell'istruzione e nella formazione. Ciò crea un circolo vizioso in cui la disoccupazione ostacola lo sviluppo delle competenze, perpetuando ulteriormente la disoccupazione. È essenziale che le istituzioni educative e i governi collaborino e forniscano opportunità accessibili e convenienti agli individui per migliorare le proprie competenze e riqualificarsi, garantendo che possano adattarsi al panorama lavorativo in evoluzione.

3.3.6 Potenziale per l'innovazione sociale

Sebbene la disoccupazione presenti numerose sfide, offre anche opportunità di innovazione sociale. Mentre le tradizionali strutture occupazionali crollano, gli individui e le comunità hanno la possibilità di esplorare modelli alternativi di lavoro e organizzazione sociale. L'era della disoccupazione può favorire la creatività e l'imprenditorialità, portando all'emergere di nuove industrie e nuovi modi di vivere. Cogliendo questo potenziale di innovazione, la società può sfruttare il potere dell'ingegno umano per creare un futuro più sostenibile e inclusivo.

In conclusione, le implicazioni sociali della disoccupazione sono vaste e sfaccettate. Dalla perdita di identità e autostima all'aumento della disuguaglianza sociale e alla tensione delle reti di sicurezza sociale, le sfide sono significative. Tuttavia, affrontando queste implicazioni frontali e promuovendo l'innovazione sociale, possiamo affrontare l'era della disoccupazione e creare un futuro che dia priorità al benessere e alla realizzazione di tutti gli individui.

3.4 Il ruolo del governo in un'era di disoccupazione

Mentre il mondo entra in un'era senza lavoro, il ruolo del governo diventa cruciale nel garantire il benessere e la stabilità della società. Con l'automazione e i progressi tecnologici che sostituiscono il lavoro umano a un ritmo senza precedenti, i governi devono adattare e attuare politiche che affrontino le sfide e le opportunità presentate da questa nuova realtà. In questa sezione esploreremo il ruolo del governo in un'era senza lavoro e le varie strategie che possono impiegare per affrontare questo periodo di trasformazione.

3.4.1 Ridefinire il contratto sociale

L'avvento dell'automazione e il conseguente aumento della disoccupazione richiedono una rivalutazione del contratto sociale tra cittadini e governo. Tradizionalmente, il contratto sociale si basa sulla premessa che gli individui contribuiscono alla società attraverso il proprio lavoro in cambio di sicurezza economica e benefici sociali. Tuttavia, in un'era senza lavoro, dove l'occupazione tradizionale è scarsa, questo contratto deve essere ridefinito per garantire che tutti i membri della società abbiano accesso a uno standard di vita dignitoso.

I governi possono svolgere un ruolo fondamentale nella ridefinizione del contratto sociale attuando politiche come il reddito di base universale (UBI). L'UBI è un sistema in cui ogni cittadino riceve un pagamento in contanti regolare e incondizionato dal governo, indipendentemente dal suo status lavorativo. Questo approccio fornisce una rete di sicurezza per le persone che non riescono a trovare un'occupazione tradizionale e aiuta ad alleviare la povertà e la disuguaglianza.

3.4.2 Facilitare la transizione e la riqualificazione

In un'era senza lavoro, è essenziale che i governi facilitino la transizione dei lavoratori verso nuovi settori e offrano opportunità di riqualificazione e miglioramento delle competenze. Ciò può essere raggiunto attraverso la creazione di programmi completi di riqualificazione e di iniziative educative che forniscano agli individui le competenze necessarie per i lavori del futuro.

I governi possono collaborare con istituti scolastici, leader del settore ed esperti di tecnologia per identificare i settori emergenti e sviluppare programmi di formazione su misura per le esigenze di questi settori. Investendo nell'apprendimento permanente e fornendo opportunità di istruzione e formazione accessibili, i governi possono consentire alle persone di adattarsi ai progressi tecnologici e garantire l'occupazione in nuovi campi.

3.4.3 Promuovere l'innovazione e l'imprenditorialità

In un'era senza lavoro, i governi devono promuovere un ambiente che incoraggi l'innovazione e l'imprenditorialità. Sostenendo le startup e le piccole imprese, i governi possono creare nuove strade per la creazione di posti di lavoro e la crescita economica. Ciò può essere raggiunto attraverso la fornitura di incentivi finanziari, l'accesso alle risorse e alle infrastrutture e quadri normativi semplificati.

Inoltre, i governi possono investire in ricerca e sviluppo per promuovere l'innovazione tecnologica e creare nuove industrie. Sostenendo la ricerca scientifica e la collaborazione tra il mondo accademico e l'industria, i governi possono aprire la strada allo sviluppo di tecnologie innovative in grado di generare opportunità di lavoro.

3.4.4 Garantire reti di sicurezza sociale

Poiché la natura del lavoro cambia, i governi devono garantire l'esistenza di robuste reti di sicurezza sociale per proteggere gli individui e le comunità vulnerabili. Ciò include sistemi sanitari completi, iniziative per alloggi a prezzi accessibili e accesso a servizi essenziali come l'istruzione e l'assistenza all'infanzia.

Inoltre, i governi possono esplorare modelli alternativi di occupazione e protezione sociale, come i benefici trasferibili, che forniscono ai lavoratori l'accesso ai benefici indipendentemente dal loro status occupazionale o dal lavoro specifico che svolgono. Adattando le reti di sicurezza sociale alle realtà di un'era senza lavoro, i governi possono mitigare le conseguenze negative della disoccupazione e della disuguaglianza di reddito.

Le sfide poste da un'era senza lavoro non sono limitate alle singole nazioni ma sono di natura globale. I governi devono riconoscere la necessità di collaborazione e cooperazione internazionale per affrontare le complesse questioni derivanti dall'automazione e dalla disoccupazione.

Collaborando con altri paesi, i governi possono condividere le migliori pratiche, scambiare conoscenze e sviluppare iniziative congiunte per affrontare le sfide di un'era senza lavoro. Ciò può includere la creazione di forum e organizzazioni internazionali dedicati ad affrontare le implicazioni sociali, economiche ed etiche dell'automazione e della disoccupazione.

3.4.6 Considerazioni etiche e regolamentazione

In un'era senza lavoro, i governi devono anche affrontare le considerazioni etiche che circondano l'automazione e l'intelligenza artificiale. Devono garantire che i progressi tecnologici siano implementati in modo giusto, equo e rispettoso dei diritti umani. Ciò include la regolamentazione dell'uso degli algoritmi di intelligenza artificiale per prevenire pregiudizi e discriminazioni, la protezione dei diritti alla privacy e la definizione di linee guida per lo sviluppo etico e l'implementazione delle tecnologie di automazione.

I governi possono lavorare in collaborazione con esperti, leader del settore e organizzazioni della società civile per sviluppare quadri normativi completi che salvaguardino gli interessi degli individui e della società nel suo complesso. Impegnandosi attivamente in considerazioni e normative etiche, i governi possono plasmare il futuro del lavoro in modo da sostenere la dignità umana e promuovere la giustizia sociale.

In conclusione, il ruolo del governo in un'era senza lavoro è multiforme e cruciale per garantire il benessere e la stabilità della società. Ridefinendo il contratto sociale, facilitando la transizione e la riqualificazione, promuovendo l'innovazione e l'imprenditorialità, garantendo reti di sicurezza sociale, collaborando su scala globale e affrontando considerazioni etiche, i governi possono affrontare le sfide e le opportunità presentate dall'automazione e dalla disoccupazione. È attraverso politiche proattive e lungimiranti che i governi possono creare un futuro positivo per tutti nell'era della disoccupazione.

3.5 Reddito di base universale

In un mondo in cui l'automazione e i progressi tecnologici hanno reso molti posti di lavoro obsoleti, il concetto di reddito di base universale (UBI) ha guadagnato un'attenzione e un dibattito significativi. L'UBI è un sistema in cui ogni cittadino di un paese riceve una somma di denaro regolare e incondizionata dal governo, indipendentemente dal suo status lavorativo. È visto come una potenziale soluzione per affrontare le sfide poste dalla diffusa disoccupazione e dalla disuguaglianza di reddito in un'era senza lavoro.

L'idea di fornire un reddito di base a tutti i cittadini non è nuova. È stato discusso e sperimentato in varie forme nel corso della storia. Tuttavia, l'aumento dell'automazione e il potenziale di un diffuso spostamento di posti di lavoro hanno portato il concetto di UBI (universal basic income) in primo piano nel discorso pubblico.

Il principio fondamentale alla base del reddito di base è garantire che ogni individuo abbia accesso a un livello minimo di reddito per soddisfare i propri bisogni di base, come cibo, alloggio e assistenza sanitaria. Fornendo un reddito garantito, l'UBI mira ad alleviare la povertà, ridurre la disuguaglianza di reddito e fornire agli individui la libertà di perseguire i propri interessi e passioni, anche se le opportunità di lavoro tradizionali sono limitate.

Potenziali benefici del reddito di base universale

I sostenitori del reddito di base sostengono che esso presenta diversi potenziali vantaggi in una società senza lavoro. In primo luogo, può fungere da rete di sicurezza, fornendo sicurezza finanziaria alle persone che hanno perso il lavoro a causa dell'automazione o di altri cambiamenti economici. Ciò può aiutare a prevenire la povertà estrema e i disordini sociali che potrebbero derivare dalla disoccupazione diffusa.

In secondo luogo, il reddito di base ha il potenziale per stimolare la crescita economica. Fornendo un reddito di base a tutti i cittadini, si garantisce che il denaro fluisca nelle mani dei consumatori, aumentandone il potere d'acquisto. Ciò, a sua volta, può stimolare la domanda di beni e servizi, portando ad un aumento dell'attività economica e alla creazione di posti di lavoro in nuovi settori.

Inoltre, l'UBI può favorire l'innovazione e l'imprenditorialità. Con un reddito garantito, gli individui hanno la libertà di correre rischi e perseguire iniziative imprenditoriali senza il timore di una rovina finanziaria. Ciò può portare alla creazione di nuove imprese, prodotti e servizi, contribuendo allo sviluppo economico e al progresso sociale.

Critiche e sfide al reddito di base universale

Sebbene l'UBI abbia i suoi sostenitori, deve anche affrontare critiche e sfide. Una delle preoccupazioni principali è il costo potenziale dell'attuazione di un simile programma. I critici sostengono che fornire un reddito di base a tutti i cittadini richiederebbe una quantità significativa di finanziamenti pubblici, che potrebbero portare ad un aumento delle tasse o a livelli insostenibili di debito pubblico.

Un'altra critica riguarda il potenziale disincentivo al lavoro. Gli scettici sostengono che se gli individui ricevono un reddito garantito senza la necessità di lavorare, ciò potrebbe scoraggiarli dal cercare un lavoro o dal perseguire un'istruzione superiore. Ciò potrebbe portare a un calo della produttività e a una mancanza di lavoratori qualificati nei settori essenziali.

Inoltre, ci sono preoccupazioni circa il potenziale impatto dell'UBI sull'inflazione. Se tutti avessero più soldi da spendere, ciò potrebbe far salire i prezzi, rendendo beni e servizi più costosi e potenzialmente erodendo il potere d'acquisto del reddito di base.

Per esplorare la fattibilità e il potenziale impatto dell'UBI, sono stati condotti diversi programmi pilota ed esperimenti in tutto il mondo. Queste iniziative mirano a raccogliere dati e approfondimenti sugli effetti della fornitura di un reddito di base agli individui.

In Finlandia, ad esempio, è stato condotto un esperimento biennale, dal 2017 al 2018, in cui un gruppo di disoccupati ha ricevuto un reddito di base mensile. I risultati hanno mostrato che, sebbene i partecipanti abbiano riscontrato un miglioramento del benessere e una riduzione dello stress, non si è verificato un aumento significativo dei tassi di occupazione.

Allo stesso modo, in Canada, la provincia dell'Ontario ha lanciato un progetto pilota sul reddito di base nel 2017. Tuttavia, il programma è stato improvvisamente cancellato dopo un cambio di governo, impedendo una valutazione completa del suo impatto.

Questi programmi pilota forniscono preziose informazioni sui potenziali vantaggi e sulle sfide derivanti dall'implementazione dell'UBI su scala più ampia. Evidenziano inoltre la necessità di un'attenta pianificazione, valutazione e adattamento delle politiche UBI per garantirne l'efficacia.

Il futuro del reddito di base universale

Poiché il mercato del lavoro continua ad evolversi e l'automazione diventa sempre più diffusa, è probabile che la discussione sull'UBI si intensifichi. Il concetto di fornire un reddito di base a tutti i cittadini ha sia sostenitori entusiasti che critici accaniti.

Per implementare con successo l'UBI, i politici devono affrontare le sfide e le preoccupazioni associate al programma. Ciò include la determinazione dei meccanismi di finanziamento adeguati, la progettazione di strategie di attuazione efficaci e la considerazione del potenziale impatto sul mercato del lavoro e sull'economia nel suo complesso.

Inoltre, il futuro del reddito di base dovrebbe essere visto come parte di un dibattito più ampio sul ruolo del lavoro, sulla distribuzione della ricchezza e sul contratto sociale in un'era senza lavoro. Richiede un esame completo delle implicazioni sociali della disoccupazione e della necessità di sistemi alternativi per garantire il benessere e la dignità di tutti gli individui.

In conclusione, il reddito di base universale è un concetto promettente nell'affrontare le sfide poste dalla diffusa disoccupazione in un mondo in rapido cambiamento. Pur presentando critiche e sfide, l'UBI ha il potenziale per fornire sicurezza finanziaria, stimolare la crescita economica e promuovere l'innovazione.

Mentre affrontiamo le complessità di una società senza lavoro, l'esplorazione e la sperimentazione del reddito di base continueranno a plasmare il futuro del lavoro e del benessere sociale.

3.6 Ripensare l'istruzione e la formazione

In un'era senza lavoro, in cui l'automazione e la tecnologia hanno sostituito molti lavori tradizionali, la necessità di reinventare l'istruzione e la formazione diventa fondamentale. Poiché la natura del lavoro continua ad evolversi, è fondamentale che gli individui e le società si adattino e si dotino delle competenze necessarie per prosperare in questo nuovo panorama.

3.6.1 Il ruolo mutevole dell'istruzione

I sistemi educativi tradizionali si sono concentrati principalmente sulla preparazione degli individui a carriere e professioni specifiche. Tuttavia, in una società senza lavoro, dove i ruoli lavorativi cambiano costantemente o scompaiono del tutto, è necessario un nuovo approccio all'istruzione. L'istruzione deve spostarsi da un focus sulla memorizzazione meccanica e sui test standardizzati a un modello più olistico e adattabile.

3.6.2 Enfatizzare il pensiero critico e le capacità di risoluzione dei problemi

Una delle competenze chiave di cui gli individui avranno bisogno in un'era senza lavoro è la capacità di pensare in modo critico e risolvere problemi complessi. Con l'automazione che prende il sopravvento sulle attività di routine, gli esseri umani dovranno concentrarsi su compiti che richiedono creatività, innovazione e capacità di risoluzione dei problemi. I sistemi educativi dovrebbero dare priorità allo sviluppo di queste competenze attraverso l'apprendimento basato su progetti, la risoluzione collaborativa dei problemi e le applicazioni nel mondo reale.

3.6.3 Coltivare la creatività e l'innovazione

La creatività e l'innovazione saranno molto apprezzate in una società senza lavoro. Queste competenze consentono alle persone di elaborare nuove idee, pensare fuori dagli schemi e trovare soluzioni uniche alle sfide. L'istruzione dovrebbe favorire la creatività incoraggiando la curiosità, l'esplorazione e la sperimentazione. Le arti, la musica e le altre discipline creative dovrebbero essere integrate nel curriculum per coltivare l'immaginazione e incoraggiare il pensiero innovativo.

3.6.4 Sviluppare l'alfabetizzazione digitale e le competenze tecnologiche

Poiché la tecnologia continua ad avanzare, l'alfabetizzazione digitale e le competenze tecnologiche diventeranno essenziali affinché le persone possano orientarsi nel mercato del lavoro. I sistemi educativi dovrebbero dare priorità all'insegnamento dell'alfabetizzazione digitale, della programmazione, dell'analisi dei dati e di altre competenze tecnologiche rilevanti. Dotando le persone di queste competenze, saranno meglio preparate ad adattarsi ai cambiamenti tecnologici e a sfruttare la tecnologia a proprio vantaggio.

3.6.5 Apprendimento permanente e sviluppo continuo delle competenze

In un'era senza lavoro, l'apprendimento non dovrebbe essere confinato ai primi anni di vita o limitato agli istituti di istruzione formale. L'apprendimento permanente e lo sviluppo continuo delle competenze saranno fondamentali affinché gli individui possano rimanere rilevanti e adattabili nel mercato del lavoro in evoluzione. I sistemi educativi dovrebbero promuovere una cultura dell'apprendimento permanente, offrendo opportunità agli individui di migliorare e riqualificarsi nel corso della loro vita.

3.6.6 Abbracciare l'educazione interdisciplinare

L'era della disoccupazione richiede un approccio più interdisciplinare all'istruzione. I tradizionali silos tra le materie dovrebbero essere abbattuti per incoraggiare l'apprendimento interdisciplinare. Integrando diversi campi di studio, gli individui possono sviluppare una comprensione più ampia di questioni complesse e acquisire un insieme di competenze diversificate che possono essere applicate a una varietà di ruoli. L'educazione interdisciplinare promuove l'adattabilità e prepara gli individui alle sfide multidimensionali del futuro.

3.6.7 Educazione all'imprenditorialità e all'innovazione

Con la diminuzione delle opportunità di lavoro tradizionali, l'imprenditorialità e l'innovazione svolgeranno un ruolo significativo nell'era della disoccupazione. I sistemi educativi dovrebbero incorporare l'educazione all'imprenditorialità, insegnando alle persone come identificare le opportunità, sviluppare piani aziendali e affrontare le sfide legate all'avvio e alla gestione di un'impresa. Promuovendo una mentalità imprenditoriale, gli individui possono creare le proprie opportunità e contribuire alla crescita economica.

3.6.8 Capacità di collaborazione e comunicazione

In una società senza lavoro, le capacità di collaborazione e comunicazione saranno molto apprezzate. Poiché gli esseri umani continuano a lavorare a fianco delle macchine, la capacità di collaborare efficacemente con gli altri e comunicare idee diventerà essenziale. I sistemi educativi dovrebbero enfatizzare il lavoro di squadra, la comunicazione e le capacità interpersonali, consentendo agli individui di lavorare efficacemente in team diversi e di adattarsi alle mutevoli dinamiche lavorative.

3.6.9 Sviluppo personale e intelligenza emotiva

In un mondo in cui la connessione umana e l'empatia sono sempre più importanti, l'istruzione dovrebbe concentrarsi sullo sviluppo personale e sull'intelligenza emotiva. Gli individui dovrebbero essere incoraggiati a sviluppare autoconsapevolezza, empatia e resilienza. I sistemi educativi dovrebbero incorporare l'apprendimento sociale ed emotivo, insegnando agli individui come gestire le proprie emozioni, costruire relazioni positive e affrontare le complessità dell'interazione umana.

3.6.10 Adattare l'istruzione ai progressi tecnologici

Poiché la tecnologia continua ad avanzare, i sistemi educativi devono adattarsi per incorporare le tecnologie emergenti. La realtà virtuale, la realtà aumentata, l'intelligenza artificiale e altre tecnologie possono migliorare l'esperienza di apprendimento e fornire agli individui opportunità educative coinvolgenti e interattive. Abbracciando queste tecnologie, l'istruzione può diventare più coinvolgente, personalizzata ed efficace.

In un'era senza lavoro, l'istruzione e la formazione devono evolversi per soddisfare le mutevoli esigenze degli individui e della società. Ripensando l'istruzione, enfatizzando il pensiero critico, la creatività, l'alfabetizzazione digitale e l'apprendimento permanente, gli individui possono dotarsi delle competenze necessarie per prosperare in una società senza lavoro. Anche la collaborazione, l'imprenditorialità e l'intelligenza emotiva svolgeranno un ruolo cruciale in questa nuova era. Poiché la tecnologia continua ad avanzare, l'istruzione deve adattarsi e incorporare le tecnologie emergenti per fornire agli individui la migliore esperienza di apprendimento possibile. Abbracciando questi cambiamenti, possiamo creare un futuro in cui le persone abbiano la possibilità di affrontare l'era della disoccupazione con fiducia e resilienza.

4

L'elemento umano

4.1 L'importanza delle competenze umane

In un mondo in cui l'automazione e la tecnologia avanzano rapidamente, l'importanza delle competenze umane non può essere sopravvalutata. Sebbene le macchine e gli algoritmi possano eseguire compiti in modo molto più efficiente e accurato degli esseri umani, ci sono alcune abilità che sono unicamente umane e non possono essere replicate dalla sola tecnologia. Queste competenze non sono solo preziose nel mercato del lavoro, ma sono anche cruciali per il nostro benessere personale e sociale.

4.1.1 Intelligenza emotiva ed empatia

Una delle capacità umane più significative che ci distingue dalle macchine è l'intelligenza emotiva e l'empatia. Queste abilità ci permettono di comprendere e connetterci con gli altri a un livello più profondo, di riconoscere e gestire le nostre emozioni e di affrontare situazioni sociali complesse. In un'era senza lavoro, in cui l'interazione umana può diventare sempre più limitata, la capacità di entrare in empatia e comprendere le emozioni degli altri diventerà ancora più preziosa.

L'intelligenza emotiva ci consente di costruire relazioni forti, risolvere conflitti e collaborare in modo efficace. Ci consente di fornire supporto emotivo e conforto a chi ne ha bisogno, rendendoci indispensabili in ruoli che richiedono connessione e cura umana. Che si tratti di assistenza sanitaria, consulenza, servizio clienti o posizioni di leadership, la capacità di comprendere e rispondere alle emozioni degli altri sarà molto ricercata.

4.1.2 Creatività e innovazione in un'era senza lavoro

La creatività e l'innovazione sono competenze umane fondamentali che guidano il progresso e l'avanzamento. Sebbene le macchine possano analizzare dati ed eseguire attività di routine, non hanno la capacità di pensare fuori dagli schemi, immaginare nuove possibilità e trovare soluzioni innovative a problemi complessi. In un'era senza lavoro, in cui l'automazione prende il posto di compiti ripetitivi e prevedibili, la creatività diventa una risorsa preziosa.

Il pensiero creativo ci consente di generare nuove idee, adattarci alle mutevoli circostanze e trovare nuovi approcci alle sfide. Ci consente di immaginare futuri alternativi ed esplorare territori inesplorati. Che si tratti di arte, design, imprenditorialità o ricerca scientifica, la capacità di pensare in modo creativo sarà molto richiesta. Abbracciare il nostro potenziale creativo non solo ci aiuterà a prosperare in una società senza lavoro, ma contribuirà anche al progresso dell'umanità nel suo complesso.

4.1.3 Pensiero critico e risoluzione dei problemi

Il pensiero critico e le capacità di risoluzione dei problemi sono essenziali per navigare nelle complessità del mondo moderno. Mentre le macchine possono elaborare grandi quantità di informazioni, gli esseri umani possiedono la capacità di analizzare, valutare e interpretare tali informazioni in modo significativo. Il pensiero critico ci consente di mettere in discussione le ipotesi, identificare i pregiudizi e prendere decisioni informate.

In un'era senza lavoro, in cui la natura del lavoro è in continua evoluzione, la capacità di pensare in modo critico e di adattarsi alle nuove situazioni diventa cruciale. Queste competenze ci consentono di identificare i problemi, analizzarne le cause profonde e sviluppare soluzioni efficaci. Che si tratti di gestione, ricerca, elaborazione delle politiche o imprenditorialità, la capacità di pensare in modo critico e risolvere problemi complessi sarà molto apprezzata.

4.1.4 Comunicazione e collaborazione

La comunicazione e la collaborazione efficaci sono competenze vitali che facilitano il lavoro di squadra, la cooperazione e lo scambio di idee. Mentre le macchine possono trasmettere informazioni rapidamente, gli esseri umani possiedono la capacità di trasmettere significati, costruire relazioni e ispirare gli altri attraverso la comunicazione verbale e non verbale.

In un'era senza lavoro, in cui il lavoro a distanza e la collaborazione virtuale possono diventare la norma, la capacità di comunicare in modo efficace attraverso mezzi e culture diverse diventa ancora più importante. Queste competenze ci consentono di creare fiducia, risolvere conflitti e promuovere un senso di appartenenza all'interno di team e comunità. Che si tratti di gestione di progetti, vendite, insegnamento o organizzazione di comunità, la capacità di comunicare e collaborare sarà essenziale per il successo.

4.1.5 Adattabilità e apprendimento permanente

In un mercato del lavoro in rapida evoluzione, l'adattabilità e l'apprendimento permanente sono competenze fondamentali per rimanere rilevanti e prosperare. Man mano che la tecnologia continua ad avanzare, emergeranno nuovi posti di lavoro e quelli esistenti si evolveranno. La capacità di adattarsi alle nuove tecnologie, apprendere nuove competenze e abbracciare il cambiamento sarà essenziale per affrontare l'era della disoccupazione.

Gli individui adattabili sono aperti a nuove idee, flessibili nel loro modo di pensare e disposti a uscire dalle loro zone di comfort. Abbracciano le sfide come opportunità di crescita e cercano continuamente di espandere le proprie conoscenze e competenze. Che si tratti di istruzione formale, corsi online o apprendimento autodiretto, l'impegno per l'apprendimento permanente sarà un fattore chiave per rimanere occupabili e resilienti di fronte alla rivoluzione tecnologica.

Conclusione

Sebbene l'aumento dell'automazione e l'era della disoccupazione possano portare cambiamenti significativi nel mondo del lavoro, l'importanza delle competenze umane non può essere sottovalutata. Intelligenza emotiva, creatività, pensiero critico, comunicazione e adattabilità sono solo alcuni esempi delle abilità che ci rendono unicamente umani. Queste competenze non solo forniscono valore nel mercato del lavoro, ma contribuiscono anche alla nostra realizzazione personale e al benessere della società nel suo insieme. Mentre navighiamo nel futuro, è fondamentale riconoscere e coltivare queste competenze per garantire un'era positiva e prospera senza lavoro.

4.2 Creatività e innovazione in un'era senza lavoro

In un'era senza lavoro in cui l'automazione e la tecnologia hanno preso il posto di molti lavori tradizionali, la creatività e l'innovazione diventano cruciali per gli individui e la società nel suo complesso. Man mano che diminuisce la richiesta di compiti di routine e ripetitivi, il valore della creatività umana e la capacità di pensare fuori dagli schemi aumentano in modo esponenziale. Questo capitolo esplora l'importanza della creatività e dell'innovazione in un'era senza lavoro e il modo in cui gli individui possono sfruttare queste competenze per prosperare nel mutevole panorama del lavoro.

La creatività è la capacità di generare nuove idee, concetti e soluzioni. È una caratteristica unicamente umana che ci distingue dalle macchine. In un'era senza lavoro, in cui le attività di routine sono automatizzate, la creatività diventa un'abilità molto ricercata. Consente agli individui di adattarsi, creare e innovare in modi che le macchine non possono replicare.

La creatività non si limita agli sforzi artistici; si estende alla risoluzione dei problemi, al pensiero critico e alla ricerca di nuovi approcci alle sfide. Consente alle persone di identificare opportunità, immaginare possibilità e sviluppare soluzioni uniche a problemi complessi. In un mondo in cui i posti di lavoro scarseggiano, coloro che sanno pensare in modo creativo hanno un netto vantaggio.

Promuovere l'innovazione

L'innovazione è il processo di trasformazione delle idee creative in soluzioni pratiche che creano valore. Implica l'assunzione di rischi, la sfida allo status quo e l'implementazione di nuovi approcci. In un'era senza lavoro, l'innovazione diventa essenziale affinché gli individui e le organizzazioni rimangano rilevanti e competitivi.

Per promuovere l'innovazione, gli individui devono coltivare una mentalità che abbracci il cambiamento e incoraggi la sperimentazione. Devono essere disposti ad assumersi rischi calcolati, imparare dai fallimenti e adattarsi continuamente. Le organizzazioni possono creare un ambiente che favorisce l'innovazione promuovendo una cultura di apertura, collaborazione e apprendimento. Incoraggiando i dipendenti a pensare in modo creativo e fornendo loro le risorse e il supporto per esplorare nuove idee, le organizzazioni possono promuovere l'innovazione e rimanere al passo con i tempi.

Il ruolo della creatività e dell'innovazione nella creazione di posti di lavoro

Se da un lato l'automazione e la tecnologia possono eliminare alcuni posti di lavoro, dall'altro creano anche nuove opportunità. La creatività e l'innovazione svolgono un ruolo fondamentale nell'identificare e sfruttare queste prospettive di lavoro emergenti. Man mano che le industrie si evolvono e emergono nuove tecnologie, le persone che sanno pensare in modo creativo e adattarsi rapidamente saranno molto richieste.

La creatività e l'innovazione possono portare allo sviluppo di nuovi prodotti, servizi e industrie. Possono anche stimolare l'imprenditorialità e la creazione di nuove imprese. Abbracciando queste competenze, gli individui possono ritagliarsi la propria strada e creare opportunità di lavoro significative in un'era senza lavoro.

Coltivare la creatività e l'innovazione

Per prosperare in un'era senza lavoro, gli individui devono coltivare attivamente la propria creatività e capacità di innovazione. Ecco alcune strategie per coltivare queste capacità:

4.2.1 Abbracciare la curiosità e l'apprendimento permanente

La curiosità è il carburante della creatività e dell'innovazione. Coltivando un senso di curiosità, le persone possono esplorare nuove idee, porre domande e cercare prospettive diverse. Anche l'apprendimento permanente è fondamentale in un mondo in rapido cambiamento. Acquisendo continuamente nuove conoscenze e competenze, gli individui possono stare al passo con i tempi e adattarsi alle tendenze e alle tecnologie emergenti.

4.2.2 Promuovere un ambiente creativo

Creare un ambiente che favorisca la creatività è essenziale. Ciò può essere ottenuto circondandosi di prospettive diverse, impegnandosi in sessioni di brainstorming e incoraggiando il dialogo aperto. Anche prendersi delle pause, dedicarsi agli hobby ed esporsi a esperienze diverse può stimolare la creatività.

4.2.3 Accettare il fallimento e imparare dagli errori

Il fallimento è una parte inevitabile del processo creativo. Accettare il fallimento come un'opportunità di apprendimento consente alle persone di correre rischi e oltrepassare i limiti. Analizzando i fallimenti e imparando dagli errori, gli individui possono affinare le proprie idee e migliorare la propria produzione creativa.

4.2.4 Collaborare e chiedere feedback

La collaborazione e il feedback hanno un valore inestimabile nel processo creativo. Lavorando con gli altri, gli individui possono trarre vantaggio da diverse prospettive, idee e competenze. Chiedere feedback a colleghi, mentori ed esperti può fornire preziosi spunti e aiutare a perfezionare le idee creative.

4.2.5 Praticare il pensiero divergente

Il pensiero divergente è la capacità di generare molteplici soluzioni a un problema. Praticando il pensiero divergente, gli individui possono espandere la propria capacità creativa ed esplorare una vasta gamma di possibilità. Tecniche come il brainstorming, la mappatura mentale e la scrittura libera possono aiutare a stimolare il pensiero divergente.

Conclusione

In un'era senza lavoro, la creatività e l'innovazione diventano competenze essenziali per gli individui e la società. Consentono agli individui di adattarsi, creare nuove opportunità e guidare la crescita economica. Coltivando la creatività, abbracciando l'innovazione e sviluppando continuamente queste competenze, gli individui possono prosperare in un mercato del lavoro in evoluzione e contribuire a un futuro in cui l'ingegno umano rimane inestimabile.

4.3 Intelligenza emotiva ed empatia

In un'era senza lavoro, in cui l'automazione e la tecnologia hanno preso il posto di molti ruoli lavorativi tradizionali, l'importanza dell'intelligenza emotiva e dell'empatia non può essere sopravvalutata. Man mano che le macchine diventano più abili nell'eseguire compiti che un tempo erano appannaggio esclusivo degli esseri umani, saranno le qualità unicamente umane dell'intelligenza emotiva e dell'empatia che ci distingueranno e diventeranno ancora più preziose.

Il ruolo dell'intelligenza emotiva

L'intelligenza emotiva si riferisce alla capacità di riconoscere, comprendere e gestire le proprie emozioni, così come quelle degli altri. Comprende abilità come l'autoconsapevolezza, l'autoregolamentazione, l'empatia e le abilità sociali. Queste abilità sono cruciali per affrontare le complessità delle interazioni umane e costruire relazioni significative.

In un'era senza lavoro, in cui la connessione e l'interazione umana possono diventare scarse, l'intelligenza emotiva diventa ancora più essenziale. Mentre le persone affrontano le sfide della disoccupazione e l'incertezza del futuro, coloro che hanno un'elevata intelligenza emotiva saranno meglio attrezzati per gestire le montagne russe emotive e supportare gli altri in situazioni simili.

L'empatia, strettamente correlata all'intelligenza emotiva, è la capacità di comprendere e condividere i sentimenti degli altri. Implica mettersi nei panni di qualcun altro e provare le sue emozioni. L'empatia ci consente di connetterci con gli altri a un livello più profondo, favorendo la comprensione, la compassione e il sostegno.

In una società in cui prevale la disoccupazione, l'empatia diventa uno strumento vitale per costruire un senso di comunità e solidarietà. Consente alle persone di offrire sostegno e conforto a coloro che sono in difficoltà, creando una rete di comprensione e compassione. L'empatia aiuta ad alleviare i sentimenti di isolamento e disperazione che possono derivare dalla disoccupazione, fornendo un senso di appartenenza e speranza.

I benefici dell'intelligenza emotiva e dell'empatia

L'intelligenza emotiva e l'empatia offrono numerosi vantaggi in un'era senza lavoro. Ecco alcuni modi in cui queste qualità possono avere un impatto positivo sugli individui e sulla società nel suo insieme:

1. Benessere mentale

La disoccupazione può mettere a dura prova la salute mentale, portando a sentimenti di ansia, depressione e bassa autostima. L'intelligenza emotiva e l'empatia possono aiutare le persone ad affrontare queste sfide fornendo loro gli strumenti per gestire le proprie emozioni in modo efficace e cercare sostegno dagli altri. Comprendendo ed empatizzando con i propri sentimenti e con quelli degli altri, gli individui possono sviluppare resilienza e mantenere una mentalità positiva.

2. Costruire relazioni più forti

In un mondo in cui le interazioni faccia a faccia possono diventare meno frequenti, la capacità di connettersi con gli altri a livello emotivo diventa ancora più cruciale. L'intelligenza emotiva e l'empatia consentono alle persone di costruire relazioni più forti e significative, sia a livello personale che professionale. Comprendendo le emozioni e i bisogni degli altri, gli individui possono favorire la fiducia, la collaborazione e il sostegno reciproco.

3. Comunicazione efficace

Una comunicazione chiara ed efficace è essenziale in ogni situazione, ma diventa ancora più fondamentale in un'era senza lavoro. L'intelligenza emotiva consente alle persone di esprimere i propri pensieri e sentimenti in modo empatico e comprensivo. Essendo in sintonia con le emozioni degli altri, gli individui possono comunicare con empatia e compassione, favorendo conversazioni positive e produttive.

4. Problem-solving e risoluzione dei conflitti

L'intelligenza emotiva e l'empatia svolgono un ruolo significativo nella risoluzione dei problemi e dei conflitti. Comprendendo le emozioni e le prospettive degli altri, gli individui possono affrontare i conflitti con empatia e trovare soluzioni reciprocamente vantaggiose. Queste qualità consentono inoltre alle persone di affrontare situazioni complesse e prendere decisioni informate, tenendo conto delle emozioni e dei bisogni di tutte le parti coinvolte.

5. Leadership e lavoro di squadra

In un'era senza lavoro, le capacità di leadership e di lavoro di squadra diventano ancora più preziose. L'intelligenza emotiva e l'empatia sono qualità essenziali per una leadership e una collaborazione efficaci. I leader che possiedono queste qualità possono ispirare e motivare i propri team, creando un ambiente di lavoro positivo e solidale. L'empatia consente ai leader di comprendere le sfide affrontate dai membri del proprio team e di fornire il supporto e la guida necessari.

Coltivare l'intelligenza emotiva e l'empatia

Sebbene alcuni individui possano possedere naturalmente livelli più elevati di intelligenza emotiva ed empatia, queste qualità possono anche essere sviluppate e coltivate. Ecco alcune strategie per coltivare l'intelligenza emotiva e l'empatia in un'era senza lavoro:

1. Autoriflessione e consapevolezza di sé

Lo sviluppo dell'intelligenza emotiva inizia con l'autoriflessione e la consapevolezza di sé. Prenditi il tempo per comprendere le tue emozioni, i tuoi punti di forza e di debolezza. Rifletti su come le tue emozioni influenzano i tuoi pensieri e le tue azioni. Diventando più consapevoli di sé, puoi comprendere e gestire meglio le tue emozioni, portando ad una migliore empatia verso gli altri.

2. Ascolto attivo

L'ascolto attivo è un'abilità cruciale per sviluppare l'empatia. Esercitati ad ascoltare veramente gli altri senza giudizi o interruzioni. Presta attenzione ai loro segnali verbali e non verbali e cerca di comprendere le loro emozioni e prospettive. Ascoltando attivamente, puoi favorire connessioni più profonde e dimostrare empatia verso gli altri.

3. Esercitati ad assumere la prospettiva

L'assunzione di prospettiva implica mettersi nei panni di qualcun altro e vedere il mondo dal suo punto di vista. Questa pratica aiuta a sviluppare l'empatia permettendoti di comprendere e apprezzare le emozioni e le esperienze degli altri. Partecipa a conversazioni con persone provenienti da contesti diversi e cerca attivamente di comprendere le loro prospettive.

4. Cercare opportunità di crescita emotiva

Cerca opportunità per migliorare la tua intelligenza emotiva ed empatia. Impegnati in attività che ti sfidano a gestire le tue emozioni in modo efficace, come fare volontariato o partecipare a discussioni di gruppo. Chiedi feedback agli altri per ottenere informazioni su come le tue emozioni e azioni influiscono su coloro che ti circondano.

5. Apprendimento e sviluppo continui

L'intelligenza emotiva e l'empatia sono abilità che possono essere continuamente sviluppate e affinate. Rimani aperto all'apprendimento e cerca risorse, come libri, workshop o corsi online, che possano aiutarti ad approfondire la comprensione di queste qualità. Circondati di persone che possiedono un'elevata intelligenza emotiva e impara dal loro esempio.

In un'era senza lavoro, in cui l'elemento umano diventa sempre più importante, l'intelligenza emotiva e l'empatia sono le qualità preziose che distingueranno gli individui. Coltivando queste competenze, gli individui possono affrontare le sfide della disoccupazione, costruire relazioni più forti e contribuire a una società più compassionevole e solidale.

4.4 Il valore della connessione umana

In un mondo in cui l'automazione e la tecnologia stanno rapidamente sostituendo il lavoro umano, è facile trascurare l'importanza della connessione umana. Mentre attraversiamo l'era della disoccupazione, diventa fondamentale riconoscere e apprezzare il valore che l'interazione umana apporta alle nostre vite. Sebbene le macchine possano eseguire compiti in modo efficiente e accurato, mancano dell'intelligenza emotiva, dell'empatia e della creatività che solo gli esseri umani possiedono.

4.4.1 Il potere della connessione emotiva

Uno degli aspetti più significativi della connessione umana è il potere del legame emotivo. Gli esseri umani sono esseri sociali e prosperano grazie a relazioni e connessioni significative con gli altri. Queste connessioni ci forniscono un senso di appartenenza, supporto e comprensione. In una società senza lavoro, dove molti individui possono ritrovarsi isolati a causa della mancanza di lavoro, l'importanza della connessione emotiva diventa ancora più pronunciata.

La connessione emotiva ci consente di condividere le nostre gioie, i nostri dolori e le nostre esperienze con gli altri. Fornisce un sistema di supporto che può aiutarci ad affrontare momenti difficili e a trovare conforto nella compagnia degli altri. Che si tratti di un amico intimo, di un familiare o di un partner, queste connessioni offrono un senso di scopo e di realizzazione che non può essere replicato dalle macchine.

4.4.2 Promuovere la creatività e l'innovazione

La connessione umana è essenziale anche per promuovere la creatività e l'innovazione. Quando le persone si uniscono, portano con sé prospettive, idee ed esperienze uniche. Attraverso la collaborazione e l'interazione, questi diversi punti di vista possono fondersi, portando alla generazione di soluzioni nuove e innovative a problemi complessi.

In un'era senza lavoro, in cui la domanda di pensiero creativo e capacità di risoluzione dei problemi è più alta che mai, la connessione umana diventa un catalizzatore di innovazione. Partecipando a discussioni, sessioni di brainstorming e progetti collaborativi, gli individui possono attingere alla propria intelligenza collettiva e creare idee rivoluzionarie in grado di plasmare il futuro.

4.4.3 Empatia e comprensione

L'empatia, la capacità di comprendere e condividere i sentimenti degli altri, è un aspetto fondamentale della connessione umana. Ci permette di metterci nei panni di qualcun altro, di comprendere veramente le sue esperienze e di offrire sostegno e compassione. L'empatia è una caratteristica unicamente umana che non può essere replicata dalle macchine.

In una società senza lavoro, dove gli individui possono affrontare difficoltà finanziarie, disagio emotivo o sentimenti di inutilità, l'empatia diventa un'ancora di salvezza. Aiuta a creare un senso di comunità e solidarietà, ricordando agli individui che non sono soli nelle loro lotte. Attraverso l'empatia, possiamo fornire conforto, incoraggiamento e assistenza a chi è nel bisogno, promuovendo una società che valorizza la connessione umana e si sostiene a vicenda.

4.4.4 Il ruolo della connessione umana sul posto di lavoro

Sebbene l'automazione e la tecnologia possano sostituire molti lavori, ci sono alcuni ruoli che richiedono il tocco umano. Settori come quello sanitario, della consulenza, dell'insegnamento e del servizio clienti fanno molto affidamento sulla connessione umana per fornire servizi efficaci e significativi.

Nel settore sanitario, ad esempio, il ruolo di medici, infermieri e altri operatori sanitari va oltre la diagnosi e il trattamento dei pazienti. Si tratta di creare fiducia, fornire supporto emotivo e offrire cure personalizzate. Allo stesso modo, nel servizio clienti, la capacità di entrare in empatia, comprendere le esigenze dei clienti e fornire un tocco umano è fondamentale per costruire solide relazioni con i clienti.

4.4.5 Coltivare le relazioni nell'era digitale

In un mondo dominato dalla tecnologia e dalla comunicazione digitale, è essenziale trovare modi per coltivare e mantenere relazioni significative. Sebbene i social media e le piattaforme online offrano opportunità di connessione, possono anche portare a interazioni superficiali e a un senso di isolamento.

Per valorizzare veramente la connessione umana, dobbiamo dare priorità alle interazioni faccia a faccia, impegnarci nell'ascolto attivo e investire tempo e impegno nella costruzione e nel mantenimento delle relazioni. Ciò può comportare l'organizzazione di incontri sociali, la partecipazione a eventi della comunità o semplicemente il contatto con amici e persone care per una conversazione sincera.

Mentre ci avviciniamo all'era della disoccupazione, è fondamentale riconoscere il valore della connessione umana e coltivarla attivamente nelle nostre vite. Sebbene la tecnologia e l'automazione possano continuare ad avanzare, la necessità di interazione umana, empatia e creatività rimarrà essenziale.

In una società in cui i posti di lavoro possono scarseggiare, la connessione umana può fornire un senso di scopo, realizzazione e sostegno. Abbracciando il potere della connessione emotiva, promuovendo la creatività e l'innovazione e coltivando le relazioni, possiamo creare un futuro che valorizzi le qualità uniche che solo gli esseri umani possiedono.

L'era della disoccupazione ci offre l'opportunità di ridefinire il modo in cui vediamo il lavoro e il ruolo della connessione umana nelle nostre vite. Abbracciando il valore della connessione umana, possiamo costruire una società che dà priorità al benessere e alla realizzazione dei suoi membri, creando un futuro che non sia solo tecnologicamente avanzato ma anche profondamente umano.

5

Prepararsi per il futuro

5.1 Adattamento al cambiamento tecnologico

Mentre navighiamo nel panorama in continua evoluzione del mercato del lavoro, è fondamentale comprendere l'importanza di adattarsi al cambiamento tecnologico. I rapidi progressi della tecnologia, in particolare nell'automazione e nell'intelligenza artificiale, hanno rivoluzionato il modo in cui lavoriamo. Per prosperare in questa nuova era, gli individui devono essere proattivi nel migliorare le proprie competenze e riqualificarsi per rimanere rilevanti e competitivi.

5.1.1 La necessità di un apprendimento continuo

In un mondo in cui la tecnologia è in continua evoluzione, la capacità di apprendere e adattarsi diventa fondamentale. I ruoli lavorativi tradizionali vengono sostituiti da sistemi automatizzati e stanno emergendo nuovi lavori che richiedono un diverso insieme di competenze. Per stare al passo con i tempi, gli individui devono abbracciare l'apprendimento permanente.

L'apprendimento continuo implica l'acquisizione di nuove conoscenze, abilità e competenze nel corso della propria carriera. Non è più sufficiente fare affidamento esclusivamente sull'istruzione e sulla formazione ricevuta in passato. Invece, le persone devono cercare attivamente opportunità per espandere le proprie competenze e rimanere aggiornati con gli ultimi progressi tecnologici.

5.1.2 Abbracciare il miglioramento delle competenze e la riqualificazione

Il miglioramento delle competenze e la riqualificazione sono strategie essenziali per adattarsi ai cambiamenti tecnologici. Il miglioramento delle competenze si riferisce al processo di acquisizione di nuove competenze o di miglioramento di quelle esistenti per ottenere risultati migliori nel proprio lavoro attuale o per prepararsi a ruoli futuri. La riqualificazione, d'altro canto, implica l'apprendimento di competenze completamente nuove per la transizione in un campo o un'occupazione diversa.

Per identificare le competenze richieste, le persone dovrebbero rimanere informate sulle tendenze del settore e sulle previsioni del mercato del lavoro. Questa conoscenza li aiuterà a prendere decisioni informate su quali competenze dare priorità nei loro sforzi di miglioramento o riqualificazione. Inoltre, chiedere consiglio a consulenti del lavoro o professionisti del settore può fornire preziosi spunti sulle competenze più rilevanti e ricercate.

Le piattaforme di apprendimento online, i programmi di formazione professionale e i corsi di sviluppo professionale sono risorse eccellenti per acquisire nuove competenze. Queste piattaforme offrono una vasta gamma di corsi che si rivolgono a vari settori e livelli di competenza. Sfruttando queste opportunità, gli individui possono migliorare la propria occupabilità e adattabilità di fronte ai cambiamenti tecnologici.

Poiché i ruoli lavorativi tradizionali diventano obsoleti, l'imprenditorialità e il lavoro autonomo offrono percorsi alternativi affinché gli individui possano orientarsi nel mercato del lavoro in evoluzione. Adottare una mentalità imprenditoriale consente agli individui di creare le proprie opportunità e assumere il controllo della propria carriera.

Avviare un'impresa o diventare un lavoratore autonomo richiede una combinazione di competenze, tra cui creatività, capacità di risolvere problemi e adattabilità. Gli imprenditori devono essere disposti a correre rischi, imparare dai fallimenti e innovare continuamente per rimanere competitivi. Sfruttando la tecnologia e identificando le lacune nel mercato, gli individui possono ritagliarsi la propria nicchia e prosperare in un'era senza lavoro.

Inoltre, il lavoro autonomo offre agli individui la flessibilità necessaria per adattarsi ai cambiamenti tecnologici. Possono trasformare rapidamente i loro modelli di business, esplorare nuovi mercati e abbracciare le tecnologie emergenti senza i vincoli delle tradizionali strutture occupazionali. Questa adattabilità è fondamentale in un panorama tecnologico in rapida evoluzione.

5.1.4 Costruire resilienza in un mercato del lavoro in evoluzione

L'adattamento ai cambiamenti tecnologici richiede resilienza e una mentalità proattiva. Il mercato del lavoro continuerà ad evolversi e gli individui devono essere preparati ad affrontare incertezze e sfide. Costruire la resilienza implica sviluppare la capacità di riprendersi dalle battute d'arresto, abbracciare il cambiamento e rimanere ottimisti riguardo alle opportunità future.

Un modo per sviluppare la resilienza è diversificare competenze e conoscenze. Invece di fare affidamento su un unico insieme di competenze, gli individui dovrebbero mirare a sviluppare un'ampia gamma di competenze che possano essere applicate in diversi settori. Questa versatilità consente alle persone di adattarsi alle mutevoli esigenze lavorative ed esplorare nuovi percorsi di carriera.

Anche il networking e la costruzione di relazioni professionali sono cruciali in un mercato del lavoro in evoluzione. Entrando in contatto con persone che la pensano allo stesso modo, professionisti del settore e mentori, le persone possono ottenere informazioni preziose, accedere a nuove opportunità e rimanere aggiornati sulle tendenze del settore. Il networking può anche fornire un sistema di supporto durante i periodi di incertezza e fungere da piattaforma per la collaborazione e la condivisione delle conoscenze.

In conclusione, adattarsi al cambiamento tecnologico è essenziale per prosperare in un'era senza lavoro. L'apprendimento continuo, il miglioramento delle competenze e la riqualificazione sono strategie cruciali per rimanere rilevanti e competitivi. Abbracciare l'imprenditorialità e il lavoro autonomo può fornire agli individui la flessibilità necessaria per orientarsi nel mercato del lavoro in evoluzione. Costruire resilienza attraverso la diversificazione delle competenze e il networking è vitale per affrontare le incertezze del futuro. Adottando queste strategie, gli individui possono posizionarsi per avere successo di fronte ai progressi tecnologici.

5.2 Miglioramento delle competenze e riqualificazione

In un mercato del lavoro in rapida evoluzione, in cui l'automazione e la tecnologia stanno sostituendo i lavori tradizionali, è fondamentale che le persone si adattino e acquisiscano nuove competenze per rimanere rilevanti e occupabili. Il miglioramento delle competenze e la riqualificazione sono diventate strategie essenziali per affrontare l'era della disoccupazione e garantire future opportunità di lavoro.

5.2.1 La necessità di miglioramento delle competenze e riqualificazione

Con l'avanzare dell'automazione, molti lavori che un tempo venivano svolti dagli esseri umani vengono ora svolti dalle macchine. Questo cambiamento nel mercato del lavoro richiede che le persone sviluppino nuove competenze richieste e si allineino alle esigenze in evoluzione delle industrie. Il miglioramento delle competenze si riferisce al processo di acquisizione di ulteriori competenze o conoscenze nel proprio campo attuale, mentre la riqualificazione implica l'apprendimento di nuove competenze per un'occupazione o un settore diverso.

La necessità di miglioramento e riqualificazione nasce dal fatto che alcune competenze diventano obsolete o meno preziose a causa dell'automazione. I lavori che comportano compiti ripetitivi o attività di routine sono particolarmente vulnerabili all'automazione. Tuttavia, l'automazione crea anche nuove opportunità e richieste di competenze unicamente umane, come il pensiero critico, la risoluzione dei problemi, la creatività e l'intelligenza emotiva.

5.2.2 Identificazione delle competenze richieste

Per migliorare o riqualificare in modo efficace, gli individui devono identificare le competenze che sono molto richieste nel mercato del lavoro. Ciò richiede di rimanere informati sulle tendenze del settore, sui progressi tecnologici e sui ruoli lavorativi emergenti. Condurre ricerche, partecipare a conferenze di settore e creare reti con professionisti del settore possono fornire preziose informazioni sulle competenze ricercate dai datori di lavoro.

Alcune delle competenze che dovrebbero essere molto richieste nell'era della disoccupazione includono:

5.2.2.1 Alfabetizzazione digitale e competenze tecnologiche

Poiché la tecnologia continua a plasmare il mercato del lavoro, l'alfabetizzazione digitale e le competenze tecnologiche sono diventate essenziali per quasi tutte le occupazioni. La competenza nell'uso di strumenti, software e piattaforme digitali è fondamentale per una comunicazione efficace, l'analisi dei dati, la risoluzione dei problemi e la collaborazione. Competenze come la codifica, l'analisi dei dati, la sicurezza informatica e l'intelligenza artificiale sono particolarmente preziose nell'era digitale.

5.2.2.2 Pensiero critico e risoluzione dei problemi

L'automazione può gestire attività di routine, ma non può replicare la creatività umana, il pensiero critico e le capacità di risoluzione dei problemi. Queste competenze implicano la capacità di analizzare situazioni complesse, pensare in modo critico e sviluppare soluzioni innovative. I datori di lavoro apprezzano le persone che possono affrontare le sfide con una nuova prospettiva e trovare modi creativi per superarle.

5.2.2.3 Adattabilità e flessibilità

In un mercato del lavoro in rapida evoluzione, adattabilità e flessibilità sono competenze cruciali. La capacità di apprendere rapidamente nuove competenze, adattarsi alle nuove tecnologie e abbracciare il cambiamento è molto apprezzata dai datori di lavoro. Essere aperti a nuove idee, essere disposti ad assumersi nuove responsabilità ed essere in grado di lavorare in team diversi sono tutti attributi che possono migliorare l'occupabilità di un individuo.

5.2.2.4 Intelligenza emotiva e abilità interpersonali

Sebbene l'automazione possa gestire determinate attività, non può sostituire il tocco umano. L'intelligenza emotiva, che include consapevolezza di sé, empatia e comunicazione efficace, è molto apprezzata sul posto di lavoro. Anche le capacità interpersonali come il lavoro di squadra, la leadership e la risoluzione dei conflitti sono essenziali per costruire relazioni forti e collaborare efficacemente con gli altri.

5.2.3 Strategie per il miglioramento delle competenze e la riqualificazione

Una volta che gli individui hanno identificato le competenze che devono acquisire, esistono diverse strategie che possono utilizzare per migliorare o riqualificare in modo efficace:

I programmi di istruzione e formazione formale, come titoli universitari, corsi professionali e certificazioni, possono fornire agli individui le conoscenze e le competenze necessarie per entrare in nuovi campi o avanzare nelle loro attuali carriere. Questi programmi offrono opportunità di apprendimento strutturato e spesso forniscono esperienza pratica e connessioni con il settore.

L'avvento delle piattaforme di apprendimento online ha reso più semplice che mai l'accesso a un'ampia gamma di corsi e risorse educative. Piattaforme come Coursera, Udemy e LinkedIn Learning offrono corsi su vari argomenti, consentendo alle persone di apprendere al proprio ritmo e comodamente da casa. L'apprendimento online offre flessibilità e convenienza, rendendolo un'opzione interessante per il miglioramento delle competenze e la riqualificazione.

Apprendistati e stage offrono alle persone l'opportunità di acquisire esperienza pratica e imparare dai professionisti del settore. Questi programmi spesso combinano la formazione sul posto di lavoro con l'insegnamento in aula, consentendo alle persone di sviluppare le competenze necessarie per un'occupazione specifica. Gli apprendistati e i tirocini possono essere particolarmente utili per coloro che desiderano cambiare carriera o entrare in settori che richiedono esperienza pratica.

5.2.3.4 Sviluppo professionale e networking

Impegnarsi in attività di sviluppo professionale, come partecipare a workshop, conferenze e seminari, può aiutare le persone a rimanere aggiornate sulle tendenze del settore e ad espandere le proprie conoscenze e competenze. Anche il networking con professionisti del settore può fornire preziosi spunti e opportunità di crescita. Costruire relazioni con esperti e mentori del settore può aprire le porte a nuove prospettive di carriera e aiutare le persone a orientarsi in modo efficace nel mercato del lavoro.

5.2.4 Vantaggi del miglioramento delle competenze e della riqualificazione

Il miglioramento delle competenze e la riqualificazione offrono numerosi vantaggi per le persone nell'era della disoccupazione:

5.2.4.1 Maggiore occupabilità

Acquisendo nuove competenze e rimanendo rilevanti nel mercato del lavoro, gli individui aumentano la loro occupabilità e aumentano le loro possibilità di ottenere un lavoro. Il miglioramento delle competenze e la riqualificazione dimostrano un impegno per la crescita personale e professionale, rendendo le persone più attraenti per i datori di lavoro.

5.2.4.2 Avanzamento di carriera

Il miglioramento delle competenze e la riqualificazione possono aprire le porte a nuove opportunità di carriera e consentire alle persone di avanzare nei campi prescelti. Acquisendo le competenze più richieste, gli individui si posizionano per ruoli più remunerativi e con una maggiore soddisfazione lavorativa.

5.2.4.3 Adattabilità al cambiamento tecnologico

Poiché la tecnologia continua ad evolversi, le persone che possiedono le competenze necessarie per navigare e sfruttare le nuove tecnologie saranno meglio attrezzate per adattarsi al mercato del lavoro in evoluzione. Il miglioramento delle competenze e la riqualificazione garantiscono che gli individui possano abbracciare i progressi tecnologici anziché essere lasciati indietro.

5.2.4.4 Crescita personale e realizzazione

Apprendere nuove competenze e ampliare le proprie conoscenze può portare alla crescita e alla realizzazione personale. L'upskilling e la riqualificazione consentono alle persone di esplorare nuovi interessi, mettersi alla prova e scoprire il proprio potenziale in diverse aree.

In conclusione, il miglioramento delle competenze e la riqualificazione sono strategie essenziali affinché gli individui possano prosperare nell'era della disoccupazione. Identificando le competenze più richieste, perseguendo l'istruzione formale o l'apprendimento online, partecipando ad apprendistati o stage e impegnandosi nello sviluppo professionale e nel networking, gli individui possono migliorare la propria occupabilità, adattarsi ai cambiamenti tecnologici e sbloccare nuove opportunità di carriera. Abbracciare l'apprendimento permanente ed essere proattivi nell'acquisizione di nuove competenze sarà fondamentale per affrontare con successo il futuro del lavoro.

5.3 Imprenditorialità e lavoro autonomo

In un'era senza lavoro in cui le opportunità di lavoro tradizionali sono scarse, l'imprenditorialità e il lavoro autonomo diventano sempre più importanti. Poiché l'automazione e la tecnologia continuano a rimodellare il mercato del lavoro, gli individui devono adattarsi e trovare nuovi modi per creare valore e generare reddito. Questo capitolo esplora il ruolo dell'imprenditorialità e del lavoro autonomo nel futuro del lavoro e fornisce spunti su come gli individui possono affrontare questo panorama in evoluzione.

5.3.1 L'ascesa dell'imprenditorialità

L'imprenditorialità è sempre stata una forza trainante della crescita economica e dell'innovazione. In un'era senza lavoro, diventa ancora più cruciale il fatto che gli individui si facciano carico del proprio destino e creino le proprie opportunità. La crescita dell'imprenditorialità offre alle persone la possibilità di sfruttare le proprie competenze, conoscenze e creatività per creare imprese e generare reddito.

Uno dei principali vantaggi dell'imprenditorialità è la capacità di adattarsi rapidamente alle mutevoli circostanze. In un mercato del lavoro in rapida evoluzione, gli imprenditori possono identificare le tendenze emergenti e sfruttare nuove opportunità. Hanno la flessibilità necessaria per orientare i propri modelli di business e le proprie offerte per soddisfare le esigenze del mercato. Questa adattabilità è una risorsa preziosa in un mondo in cui i lavori tradizionali stanno scomparendo.

5.3.2 I vantaggi del lavoro autonomo

Il lavoro autonomo fornisce agli individui un senso di autonomia e controllo sul proprio lavoro. Invece di fare affidamento su un unico datore di lavoro, i lavoratori autonomi hanno la libertà di scegliere i propri clienti, progetti e orari di lavoro. Questa flessibilità consente loro di creare un equilibrio tra lavoro e vita privata che si adatta alle loro esigenze e preferenze.

Inoltre, il lavoro autonomo offre l'opportunità di perseguire le proprie passioni e interessi. Molte persone trovano soddisfazione nel trasformare i propri hobby o abilità in iniziative redditizie. Facendo ciò che amano, i lavoratori autonomi possono trovare uno scopo e soddisfazione nel loro lavoro.

Un altro vantaggio del lavoro autonomo è la possibilità di ottenere un reddito più elevato. Sebbene l'imprenditorialità comporti rischi e sfide, i lavoratori autonomi di successo hanno il potenziale per guadagnare di più di quanto farebbero con un lavoro tradizionale. Costruendo un marchio forte, offrendo prodotti o servizi di alta qualità e commercializzandosi in modo efficace, i lavoratori autonomi possono attrarre una base di clienti fedeli e imporre prezzi più alti.

Sebbene l'imprenditorialità e il lavoro autonomo offrano numerosi vantaggi, comportano anche sfide che gli individui devono affrontare. Una delle sfide principali è l'incertezza e il rischio associati all'avvio di un'impresa. A differenza del lavoro tradizionale, dove è garantita una busta paga stabile, gli imprenditori e i lavoratori autonomi devono essere preparati alle fluttuazioni del reddito e alla possibilità di fallimento.

Per mitigare questi rischi, è essenziale che gli aspiranti imprenditori conducano ricerche di mercato approfondite e sviluppino un solido piano aziendale. Comprendere il mercato di riferimento, identificare i concorrenti e valutare la domanda per i loro prodotti o servizi può aiutare le persone a prendere decisioni informate e ad aumentare le loro possibilità di successo.

Un'altra sfida è la necessità di competenze diverse. In qualità di lavoratore autonomo, è necessario indossare molteplici ruoli ed essere competente in varie aree come marketing, finanza, servizio clienti e operazioni. Sviluppare queste competenze o chiedere assistenza a professionisti può aiutare gli imprenditori a gestire in modo efficace le proprie attività e a superare le sfide.

5.3.4 Abbracciare innovazione e tecnologia

In un'era senza lavoro, abbracciare l'innovazione e la tecnologia è fondamentale per gli imprenditori e i lavoratori autonomi. La tecnologia può essere uno strumento potente per le operazioni di streaming, per raggiungere un pubblico più ampio e rimanere competitivi sul mercato. Dalle piattaforme online e siti di e-commerce agli strumenti di marketing e automazione dei social media, la tecnologia offre una gamma di opportunità agli imprenditori per far crescere la propria attività.

Inoltre, gli imprenditori dovrebbero rimanere aggiornati sulle tecnologie emergenti e sulle tendenze che possono sconvolgere i loro settori. Abbracciando queste innovazioni e incorporandole nelle loro strategie aziendali, gli imprenditori possono rimanere al passo con i tempi e continuare a fornire valore ai propri clienti.

5.3.5 Collaborazione e networking

In un'era senza lavoro, la collaborazione e il networking diventano ancora più importanti per gli imprenditori e i lavoratori autonomi. Costruire una solida rete di persone che la pensano allo stesso modo, esperti del settore e potenziali clienti può aprire le porte a nuove opportunità, partnership e collaborazioni.

Partecipare a eventi di settore, aderire a organizzazioni professionali e partecipare a comunità online può aiutare gli imprenditori ad espandere le proprie reti e rimanere in contatto con le ultime tendenze e sviluppi nei loro campi. Collaborare con gli altri può anche portare alla condivisione di risorse, conoscenze e competenze, che possono rivelarsi preziose per affrontare le sfide dell'imprenditorialità.

5.3.6 Supporto e risorse governative

I governi svolgono un ruolo cruciale nel sostenere l'imprenditorialità e il lavoro autonomo in un'era senza lavoro. Possono fornire risorse, finanziamenti e programmi di tutoraggio per aiutare gli aspiranti imprenditori ad avviare e far crescere le proprie attività. Inoltre, i governi possono creare politiche e regolamenti che favoriscano un ambiente favorevole all'imprenditorialità, ad esempio riducendo gli ostacoli burocratici e fornendo incentivi fiscali.

Gli imprenditori dovrebbero trarre vantaggio da queste iniziative governative e cercare il sostegno disponibile. Sfruttando queste risorse, gli imprenditori possono accedere a preziose indicazioni, opportunità di finanziamento e piattaforme di networking che possono aumentare significativamente le loro possibilità di successo.

5.3.7 Il futuro dell'imprenditorialità

Poiché il mercato del lavoro continua ad evolversi, l'imprenditorialità e il lavoro autonomo svolgeranno un ruolo sempre più vitale nel futuro del lavoro. La capacità di adattarsi, innovare e creare valore sarà una competenza molto ricercata. Abbracciando l'imprenditorialità, gli individui possono assumere il controllo del proprio destino, creare un lavoro significativo e contribuire alla crescita economica e allo sviluppo della società.

In conclusione, l'imprenditorialità e il lavoro autonomo offrono agli individui un percorso per affrontare l'era della disoccupazione. Abbracciando l'innovazione, sviluppando competenze diversificate, costruendo reti forti e sfruttando il sostegno del governo, gli aspiranti imprenditori possono superare le sfide e creare imprese di successo. Il futuro appartiene a coloro che sono disposti a correre rischi, a pensare in modo creativo e a cogliere le opportunità che si presentano in un mercato del lavoro in evoluzione.

5.4 Costruire la resilienza in un mercato del lavoro in evoluzione

In un mercato del lavoro in rapida evoluzione, sviluppare la resilienza è fondamentale affinché gli individui possano affrontare le incertezze e le sfide derivanti dai progressi tecnologici e dall'automazione. Poiché la natura del lavoro continua ad evolversi, è essenziale sviluppare le competenze e la mentalità necessarie per adattarsi e prosperare in questa nuova era. Questa sezione esplorerà strategie e approcci per costruire resilienza di fronte a un mercato del lavoro in evoluzione.

5.4.1 Abbracciare l'apprendimento permanente

Uno dei modi principali per rafforzare la resilienza in un mercato del lavoro in evoluzione è abbracciare l'apprendimento permanente. Mentre la tecnologia continua ad avanzare e le industrie si trasformano, la domanda di nuove competenze e conoscenze è in continua evoluzione. Adottando una mentalità di apprendimento continuo, le persone possono stare al passo con i tempi e rimanere rilevanti nel mercato del lavoro.

L'apprendimento permanente implica la ricerca attiva di opportunità per acquisire nuove competenze, sia attraverso l'istruzione formale, corsi online, workshop o studio autonomo. È importante identificare le competenze richieste e allinearle con gli interessi e i punti di forza personali. Investendo tempo e impegno nell'apprendimento di nuove competenze, gli individui possono migliorare la propria occupabilità e adattabilità alle mutevoli esigenze lavorative.

5.4.2 Sviluppare competenze trasferibili

In un mercato del lavoro in cui ruoli specifici possono diventare obsoleti, lo sviluppo di competenze trasferibili è essenziale per costruire la resilienza. Le competenze trasferibili sono quelle che possono essere applicate in diversi settori e ruoli lavorativi. Queste abilità includono il pensiero critico, la risoluzione dei problemi, la comunicazione, la collaborazione, l'adattabilità e la leadership.

Concentrandosi sullo sviluppo di competenze trasferibili, gli individui possono posizionarsi come una risorsa preziosa per i datori di lavoro, indipendentemente dal lavoro o dal settore specifico. Queste competenze consentono agli individui di adattarsi a nuovi ruoli e responsabilità, rendendoli più resilienti di fronte ai cambiamenti del mercato del lavoro. Inoltre, le competenze trasferibili sono spesso molto ricercate dai datori di lavoro poiché contribuiscono a creare una forza lavoro più agile e versatile.

5.4.3 Coltivare una mentalità di crescita

Costruire la resilienza in un mercato del lavoro in evoluzione richiede anche coltivare una mentalità di crescita. Una mentalità di crescita è la convinzione che le capacità e l'intelligenza possano essere sviluppate attraverso la dedizione e il duro lavoro. È la comprensione che i fallimenti e le battute d'arresto sono opportunità di apprendimento e crescita.

Adottando una mentalità di crescita, gli individui possono accettare le sfide e vederle come opportunità per sviluppare nuove competenze e conoscenze. Questa mentalità incoraggia le persone a persistere di fronte agli ostacoli, cercare feedback e migliorare continuamente. Coltivare una mentalità di crescita consente alle persone di adattarsi alle mutevoli circostanze e di riprendersi dalle battute d'arresto, rendendole più resilienti nel mercato del lavoro.

5.4.4 Costruire una rete professionale

In un mercato del lavoro in continua evoluzione, costruire una forte rete professionale è fondamentale per la resilienza. Il networking offre opportunità di sviluppo professionale, segnalazioni di posti di lavoro e accesso a informazioni sulle tendenze e opportunità lavorative emergenti. Entrando in contatto con professionisti di vari settori, le persone possono rimanere informate sui cambiamenti nel mercato del lavoro e acquisire informazioni su potenziali percorsi di carriera.

È possibile costruire una rete professionale partecipando a eventi di settore, unendosi ad associazioni professionali, partecipando a comunità online e sfruttando piattaforme di social media come LinkedIn. È importante impegnarsi attivamente con le connessioni di rete, condividere conoscenze e offrire supporto agli altri. Una solida rete professionale può fornire un sistema di supporto durante i periodi di transizione e aiutare le persone ad affrontare il mercato del lavoro in evoluzione con maggiore resilienza.

5.4.5 Abbracciare l'imprenditorialità e le attività secondarie

In un mercato del lavoro in evoluzione, abbracciare l'imprenditorialità e le attività collaterali può fornire agli individui ulteriori fonti di reddito e una maggiore resilienza. Avviare un'impresa o perseguire un'attività secondaria consente alle persone di diversificare i propri flussi di reddito e acquisire preziose capacità imprenditoriali.

L'imprenditorialità e le attività collaterali offrono anche la flessibilità necessaria per adattarsi alle mutevoli richieste del mercato e perseguire opportunità in linea con gli interessi e le passioni personali. Forniscono agli individui un senso di controllo sulla propria traiettoria di carriera e possono fungere da rete di sicurezza durante i periodi di instabilità del mercato del lavoro.

5.4.6 Dare priorità al benessere e alla cura di sé

Costruire la resilienza in un mercato del lavoro in evoluzione va oltre lo sviluppo professionale; implica anche dare priorità al benessere e alla cura di sé. Lo stress e l'incertezza che derivano dai cambiamenti del mercato del lavoro possono incidere negativamente sulla salute mentale e fisica degli individui. Pertanto, è essenziale dare priorità alle pratiche di auto-cura che promuovono il benessere generale.

Ciò può includere attività come esercizio fisico, meditazione, trascorrere del tempo con i propri cari, perseguire hobby e mantenere un sano equilibrio tra lavoro e vita privata. Prendersi cura della propria salute fisica e mentale consente alle persone di affrontare meglio le sfide di un mercato del lavoro in evoluzione e mantenere una prospettiva positiva.

5.4.7 Ricerca di supporto e tutoraggio

Infine, costruire la resilienza in un mercato del lavoro in evoluzione implica la ricerca di sostegno e tutoraggio. Entrare in contatto con mentori che hanno esperienza nell'affrontare sfide simili può fornire indicazioni e approfondimenti preziosi. I mentori possono offrire consigli, condividere le proprie esperienze e fornire supporto durante i periodi di incertezza.

Inoltre, cercare il sostegno di amici, familiari e reti professionali può aiutare le persone a orientarsi negli aspetti emotivi e pratici di un mercato del lavoro in evoluzione. Condividere preoccupazioni, cercare feedback e collaborare con gli altri può fornire un senso di comunità e supporto, migliorando la resilienza di fronte ai cambiamenti del mercato del lavoro.

Abbracciando l'apprendimento permanente, sviluppando competenze trasferibili, coltivando una mentalità di crescita, costruendo una rete professionale, abbracciando l'imprenditorialità, dando priorità al benessere e cercando supporto, gli individui possono costruire resilienza in un mercato del lavoro in evoluzione. Queste strategie consentono alle persone di adattarsi, prosperare e trovare nuove opportunità nel mondo del lavoro in evoluzione.

6

Considerazioni etiche

6.1 Etica nell'automazione e nell'intelligenza artificiale

Poiché l'automazione e l'intelligenza artificiale (AI) continuano a progredire, le implicazioni etiche relative al loro utilizzo diventano sempre più importanti. L'integrazione di queste tecnologie in vari settori ha il potenziale per rivoluzionare il modo in cui lavoriamo e viviamo. Tuttavia, solleva anche preoccupazioni circa l'impatto sull'occupazione, sulla privacy e sul benessere generale della società. In questa sezione esploreremo le considerazioni etiche che circondano l'automazione e l'intelligenza artificiale e discuteremo la necessità di un'implementazione e una regolamentazione responsabili.

6.1.1 Il dilemma etico

L'ascesa dell'automazione e dell'intelligenza artificiale presenta un significativo dilemma etico. Da un lato, queste tecnologie hanno il potenziale per migliorare l'efficienza, la produttività e la qualità complessiva della vita. Possono eseguire compiti in modo più accurato e a un ritmo più veloce rispetto agli esseri umani, portando ad un aumento della produzione e della crescita economica. Tuttavia, l'adozione diffusa dell'automazione e dell'intelligenza artificiale minaccia anche di spostare i lavoratori umani, portando alla disoccupazione e alla disuguaglianza di reddito.

6.1.2 Spostamento di posti di lavoro e disoccupazione

Una delle principali preoccupazioni etiche che circondano l'automazione e l'intelligenza artificiale è il potenziale di spostamento di posti di lavoro e disoccupazione. Man mano che le macchine e gli algoritmi diventano più capaci, possono sostituire i lavoratori umani in vari settori, portando a una significativa riduzione dei posti di lavoro disponibili. Ciò solleva interrogativi sulla responsabilità delle aziende e dei governi nel garantire che i benefici dell'automazione siano condivisi equamente e che a coloro che sono sfollati siano fornite opportunità alternative di lavoro o sostegno.

6.1.3 Bias algoritmico e discriminazione

Un'altra considerazione etica nell'automazione e nell'intelligenza artificiale è la questione dei pregiudizi e della discriminazione algoritmica. Gli algoritmi sono progettati per prendere decisioni basate su modelli e dati, ma possono inavvertitamente perpetuare i pregiudizi presenti nei dati su cui sono formati. Ciò può portare a risultati discriminatori in settori quali assunzioni, prestiti e giustizia penale. È fondamentale affrontare questi pregiudizi e garantire che gli algoritmi siano equi, trasparenti e responsabili.

6.1.4 Privacy e sicurezza dei dati

La crescente dipendenza dall'automazione e dall'intelligenza artificiale solleva anche preoccupazioni sulla privacy e sulla sicurezza dei dati. Queste tecnologie spesso richiedono l'accesso a grandi quantità di dati personali per funzionare in modo efficace. Tuttavia, la raccolta, l'archiviazione e l'utilizzo di questi dati possono comportare rischi per la privacy e la sicurezza delle persone. È essenziale stabilire norme e salvaguardie solide per proteggere le informazioni personali e prevenirne l'uso improprio.

6.1.5 Processo decisionale etico nell'intelligenza artificiale

Per affrontare le sfide etiche poste dall'automazione e dall'intelligenza artificiale, è fondamentale incorporare quadri decisionali etici nello sviluppo e nell'implementazione di queste tecnologie. Le considerazioni etiche dovrebbero essere integrate nel processo di progettazione, garantendo che i sistemi di intelligenza artificiale siano sviluppati concentrandosi su equità, trasparenza e responsabilità. Ciò include il coinvolgimento di diverse prospettive e parti interessate nel processo decisionale per mitigare i pregiudizi e garantire che la tecnologia serva i migliori interessi della società nel suo insieme.

6.1.6 Governance responsabile dell'IA

Una governance responsabile dell'IA è essenziale per garantire che l'automazione e l'intelligenza artificiale siano utilizzate in modo etico e a beneficio della società. Ciò comporta la definizione di regolamenti e standard che governano lo sviluppo, l'implementazione e l'uso di queste tecnologie. I governi, i leader del settore e gli esperti devono collaborare per creare strutture che affrontino le preoccupazioni etiche relative all'automazione e all'intelligenza artificiale, promuovendo al tempo stesso l'innovazione e la crescita economica.

6.1.7 Considerazioni etiche nei sistemi autonomi

Con l'avanzare dell'automazione e dell'intelligenza artificiale, lo sviluppo di sistemi autonomi diventa realtà. Questi sistemi, come le auto a guida autonoma e i droni autonomi, sollevano considerazioni etiche uniche. Sorgono domande riguardo alla responsabilità e all'affidabilità di questi sistemi nel prendere decisioni che potrebbero avere un impatto sulla vita umana. È fondamentale stabilire linee guida e regolamenti che garantiscano il funzionamento sicuro ed etico dei sistemi autonomi, dando priorità alla sicurezza e al benessere umano.

6.1.8 Il ruolo dell'educazione e della consapevolezza

L'educazione e la consapevolezza svolgono un ruolo fondamentale nell'affrontare le sfide etiche dell'automazione e dell'intelligenza artificiale. È essenziale educare le persone sui potenziali benefici e rischi associati a queste tecnologie. Ciò include la promozione dell'alfabetizzazione digitale, l'insegnamento delle capacità di pensiero critico e la promozione di una più ampia comprensione delle implicazioni etiche dell'automazione e dell'intelligenza artificiale. Fornendo agli individui la conoscenza, possiamo creare una società più informata e responsabile che partecipa attivamente alla definizione del futuro dell'automazione e dell'intelligenza artificiale.

In conclusione, le considerazioni etiche relative all'automazione e all'intelligenza artificiale sono di fondamentale importanza nell'era della disoccupazione. Poiché queste tecnologie continuano a plasmare il nostro mondo, è fondamentale garantire che la loro implementazione sia guidata da principi di equità, trasparenza e responsabilità. Affrontando i dilemmi etici associati all'automazione e all'intelligenza artificiale, possiamo creare un futuro a beneficio di tutta l'umanità, abbracciando al tempo stesso il potenziale di innovazione e progresso.

6.2 Garantire equità ed equità

Mentre attraversiamo l'era della disoccupazione, è fondamentale dare priorità all'equità e all'equità nel nostro approccio al mondo del lavoro in evoluzione. L'aumento dell'automazione e il conseguente spostamento di posti di lavoro hanno il potenziale per esacerbare le disuguaglianze esistenti e crearne di nuove. Per garantire una società giusta e inclusiva, dobbiamo affrontare queste sfide frontalmente e attuare misure che promuovano l'equità e l'equità per tutti.

6.2.1 Ridurre i pregiudizi nelle assunzioni e nel reclutamento

Una delle aree chiave in cui l'equità e l'equità devono avere la priorità è il processo di assunzione e reclutamento. Poiché la tecnologia gioca un ruolo sempre più significativo in questi processi, è essenziale garantire che gli algoritmi e i sistemi di intelligenza artificiale utilizzati per la selezione dei candidati siano esenti da pregiudizi. I pregiudizi nelle assunzioni possono perpetuare le disuguaglianze esistenti e limitare le opportunità per i gruppi sottorappresentati.

Per affrontare questo problema, le organizzazioni dovrebbero investire nello sviluppo e nell'implementazione di algoritmi progettati per essere equi e imparziali. Ciò richiede un'attenta considerazione dei dati utilizzati per addestrare questi sistemi e un monitoraggio continuo per identificare e correggere eventuali errori che potrebbero emergere. Inoltre, le organizzazioni dovrebbero sforzarsi di creare team di assunzione diversificati in grado di fornire prospettive diverse e sfidare potenziali pregiudizi nel processo decisionale.

6.2.2 Promuovere la parità di accesso all'istruzione e alla formazione

In un'era senza lavoro, l'accesso all'istruzione e alla formazione diventa ancora più critico. Per garantire equità ed equità, è essenziale fornire pari opportunità agli individui affinché acquisiscano le competenze e le conoscenze necessarie per prosperare nel mercato del lavoro in evoluzione. Ciò include l'eliminazione di ostacoli quali l'accessibilità economica, la posizione geografica e le disparità sociali.

I governi e le istituzioni educative dovrebbero lavorare insieme per sviluppare programmi di istruzione e formazione completi e accessibili. Ciò potrebbe comportare iniziative come la fornitura di assistenza finanziaria a coloro che non possono permettersi l'istruzione tradizionale, l'espansione delle piattaforme di apprendimento online e la creazione di centri di formazione basati sulla comunità nelle aree svantaggiate. Promuovendo la parità di accesso all'istruzione e alla formazione, possiamo consentire a individui di ogni provenienza di adattarsi e avere successo nell'era della disoccupazione.

6.2.3 Promuovere l'imprenditorialità inclusiva

L'imprenditorialità può essere un percorso verso l'indipendenza e l'empowerment economico. Tuttavia, è fondamentale garantire che le opportunità di imprenditorialità siano accessibili a tutti, indipendentemente dal background o dallo status socioeconomico. In un'era senza lavoro, promuovere l'imprenditorialità inclusiva diventa ancora più importante in quanto le tradizionali opportunità di lavoro diminuiscono.

Per promuovere l'equità nell'imprenditorialità, i governi e le organizzazioni dovrebbero fornire sostegno e risorse ai gruppi sottorappresentati. Ciò può includere programmi di tutoraggio, accesso a capitali e finanziamenti e iniziative di formazione mirate. Creando un ecosistema imprenditoriale inclusivo, possiamo consentire a individui provenienti da contesti diversi di creare le proprie opportunità e contribuire all'economia.

6.2.4 Affrontare la disuguaglianza di reddito

L'era della disoccupazione ha il potenziale per ampliare la disuguaglianza di reddito se lasciata senza controllo. Poiché l'automazione sostituisce i posti di lavoro, è fondamentale attuare misure che garantiscano un'equa distribuzione della ricchezza e delle risorse. Ciò potrebbe comportare politiche come la tassazione progressiva, la ridistribuzione della ricchezza e l'attuazione di un reddito di base universale.

Affrontando la disuguaglianza dei redditi, possiamo mitigare le conseguenze sociali ed economiche negative della disoccupazione. È essenziale creare una società in cui tutti abbiano accesso ai beni di prima necessità e alle opportunità di mobilità ascendente. Ciò richiede uno sforzo collettivo da parte di governi, imprese e individui per dare priorità all'equità e all'equità nelle politiche e nelle pratiche economiche.

6.2.5 Dare più potere ai lavoratori nella Gig Economy

La gig economy è emersa come una componente significativa dell'era della disoccupazione. Sebbene offra flessibilità e opportunità per alcuni, presenta anche sfide in termini di sicurezza del lavoro, benefici ed equa retribuzione. Per garantire equità ed equità nella gig economy, è fondamentale dare più potere ai lavoratori e fornire loro tutele adeguate.

Ciò può essere raggiunto attraverso l'attuazione di norme che garantiscano salari, benefici e condizioni di lavoro equi per i lavoratori dei gig-worker. Inoltre, le piattaforme e le aziende che operano nella gig economy dovrebbero essere ritenute responsabili di garantire il benessere e i diritti dei propri lavoratori. Dando più potere ai lavoratori gig, possiamo creare un ambiente di lavoro più equo e giusto per tutti.

In conclusione, garantire equità ed equità nell'era della disoccupazione è essenziale per creare una società giusta e inclusiva. Riducendo i pregiudizi nelle assunzioni, promuovendo la parità di accesso all'istruzione e alla formazione, favorendo l'imprenditorialità inclusiva, affrontando la disuguaglianza di reddito e dando maggiore potere ai lavoratori nella gig economy, possiamo affrontare le sfide dell'automazione e della disoccupazione dando priorità al benessere e alle opportunità di tutti gli individui. È attraverso questi sforzi che possiamo costruire un futuro in cui equità e correttezza siano al centro del nostro mondo del lavoro in evoluzione.

6.3 Affrontare pregiudizi e discriminazioni

Mentre ci muoviamo nell'era della disoccupazione, è fondamentale affrontare la questione dei pregiudizi e della discriminazione che possono sorgere nel mutevole panorama del lavoro. Se da un lato l'automazione e la tecnologia hanno il potenziale per rivoluzionare le industrie e migliorare l'efficienza, dall'altro hanno anche il potenziale per perpetuare e amplificare pregiudizi e discriminazioni esistenti.

6.3.1 L'impatto dei pregiudizi nell'automazione

I sistemi di automazione sono progettati e programmati da esseri umani e, come tali, possono ereditare i pregiudizi e i pregiudizi dei loro creatori. Se non attentamente monitorati e regolamentati, questi pregiudizi possono essere incorporati negli algoritmi e nei processi decisionali, portando a risultati discriminatori. Ad esempio, se un algoritmo di assunzione viene addestrato su dati storici distorti, potrebbe perpetuare le disuguaglianze esistenti favorendo determinati dati demografici o escludendone altri.

6.3.2 Riconoscere e mitigare i pregiudizi

Per affrontare i pregiudizi e la discriminazione nell'era della disoccupazione, è essenziale riconoscere e comprendere le potenziali fonti di pregiudizio. Ciò include il riconoscimento dei pregiudizi che possono esistere nei dati utilizzati per addestrare gli algoritmi, nonché dei pregiudizi che possono essere presenti nella progettazione e nell'implementazione di sistemi automatizzati.

Un approccio per mitigare i pregiudizi è garantire una rappresentanza diversificata nei processi di sviluppo e decisionali. Coinvolgendo individui con background e prospettive diverse, è possibile identificare e contrastare i pregiudizi prima che vengano incorporati nei sistemi automatizzati. Inoltre, il monitoraggio e la valutazione continui dei sistemi automatizzati possono aiutare a identificare e correggere eventuali risultati discriminatori.

6.3.3 Linee guida e standard etici

Per affrontare pregiudizi e discriminazioni nell'era della disoccupazione, è fondamentale stabilire linee guida e standard etici per lo sviluppo e l'implementazione di sistemi automatizzati. Queste linee guida dovrebbero dare priorità all'equità, alla trasparenza e alla responsabilità.

Le linee guida etiche possono includere requisiti di trasparenza nel processo decisionale algoritmico, garantendo che gli individui comprendano come vengono prese le decisioni e abbiano la capacità di contestarle. Possono anche includere disposizioni per audit e valutazioni regolari di sistemi automatizzati per identificare e correggere eventuali pregiudizi o risultati discriminatori.

6.3.4 Regolamentazione e supervisione

Il controllo governativo e normativo svolge un ruolo fondamentale nell'affrontare pregiudizi e discriminazioni nell'era della disoccupazione. È essenziale che i politici rimangano informati sugli ultimi progressi nel campo dell'automazione e della tecnologia e sviluppino normative che proteggano gli individui da pratiche discriminatorie.

Le normative possono includere requisiti per le aziende di condurre controlli regolari dei propri sistemi automatizzati per identificare e affrontare i pregiudizi. Possono anche inviare la raccolta e la rendicontazione dei dati sull'impatto dell'automazione su diversi gruppi demografici per garantire che le disparità siano identificate e affrontate.

6.3.5 Educazione e sensibilizzazione

L'istruzione e la consapevolezza sono componenti chiave per affrontare pregiudizi e discriminazioni nell'era della disoccupazione. È importante educare le persone sui potenziali pregiudizi e pratiche discriminatorie che possono verificarsi nei sistemi automatizzati. Ciò include fornire formazione su come riconoscere e contrastare i pregiudizi, nonché promuovere la consapevolezza dell'importanza della diversità e dell'inclusione nello sviluppo e nell'implementazione di sistemi automatizzati.

Promuovendo una cultura di consapevolezza e comprensione, gli individui possono diventare partecipanti attivi nell'affrontare pregiudizi e discriminazioni. Ciò può includere la promozione di pratiche etiche all'interno delle loro organizzazioni, il sostegno di politiche e regolamenti che promuovono l'equità e l'equità e la sfida attiva dei processi decisionali distorti.

6.3.6 Collaborazione e partenariati

Affrontare pregiudizi e discriminazioni in un'era senza lavoro richiede collaborazione e partenariati tra le varie parti interessate. Ciò include la collaborazione tra aziende tecnologiche, politici, ricercatori e gruppi di difesa.

Lavorando insieme, queste parti interessate possono condividere conoscenze e migliori pratiche, sviluppare standard e linee guida e sostenere politiche che diano priorità all'equità e all'equità. La collaborazione può anche contribuire a garantire che le voci e le prospettive delle comunità emarginate siano incluse nello sviluppo e nell'implementazione di sistemi automatizzati.

6.3.7 Il ruolo degli individui

Anche gli individui hanno un ruolo da svolgere nell'affrontare pregiudizi e discriminazioni nell'era della disoccupazione. Essendo consapevoli dei propri pregiudizi e sfidandoli attivamente, gli individui possono contribuire a creare un futuro più inclusivo ed equo.

Ciò include essere consapevoli dei potenziali pregiudizi nei loro processi decisionali, cercare prospettive diverse e sostenere l'equità e l'equità all'interno delle loro organizzazioni. Gli individui possono anche sostenere iniziative e organizzazioni che lavorano per affrontare pregiudizi e discriminazioni nell'era della disoccupazione.

In conclusione, affrontare i pregiudizi e la discriminazione nell'era della disoccupazione è fondamentale per garantire un futuro del lavoro giusto ed equo. Riconoscendo e mitigando i pregiudizi, stabilendo linee guida e standard etici, implementando la regolamentazione e la supervisione, promuovendo l'educazione e la consapevolezza, favorendo la collaborazione e i partenariati e assumendoci la responsabilità individuale, possiamo lavorare per creare un futuro in cui l'automazione e la tecnologia siano utilizzate per migliorare il potenziale umano piuttosto che piuttosto che perpetuare la disuguaglianza.

6.4 Il ruolo dell'etica in una società senza lavoro

Mentre navighiamo nelle acque inesplorate di una società senza lavoro, diventa sempre più importante considerare le implicazioni etiche di questa nuova era. Il rapido progresso dell'automazione e dell'intelligenza artificiale ha portato a una significativa riduzione delle tradizionali opportunità di lavoro, lasciando molte persone senza mezzi per sostenere se stesse e le proprie famiglie. In questo capitolo esploreremo il ruolo dell'etica in una società senza lavoro e discuteremo le considerazioni etiche che emergono in questo nuovo panorama.

6.4.1 Dilemmi etici in una società senza lavoro

L'aumento dell'automazione e la conseguente perdita di posti di lavoro presentano una serie di dilemmi etici con cui la società deve confrontarsi. Una delle preoccupazioni principali è il potenziale aumento della disuguaglianza di reddito e di ricchezza. Poiché l'automazione sostituisce il lavoro umano, coloro che possiedono e controllano la tecnologia trarranno grandi benefici, mentre coloro che sono sfollati si trovano ad affrontare difficoltà economiche. Ciò solleva interrogativi sull'equità e l'equità in una società in cui una piccola percentuale di individui detiene la maggioranza della ricchezza e del potere.

Un altro dilemma etico è l'impatto della disoccupazione sul senso di autostima e dignità degli individui. Il lavoro è stato a lungo una fonte di identità e di scopo per molte persone, e la perdita del lavoro può portare a sentimenti di inutilità e disperazione. È fondamentale affrontare queste conseguenze psicologiche ed emotive e trovare modi per sostenere le persone nel mantenere il loro senso di autostima e dignità.

6.4.2 Responsabilità etiche di governi e aziende

In una società senza lavoro, il ruolo dei governi e delle aziende diventa ancora più cruciale nel garantire il benessere dei cittadini e dei dipendenti. I governi hanno la responsabilità etica di creare politiche e programmi che affrontino le sfide della disoccupazione e della disuguaglianza di reddito. Ciò potrebbe includere l'implementazione di reti di sicurezza sociale, la fornitura di opportunità di riqualificazione e istruzione e l'esplorazione di modelli economici alternativi come il reddito di base universale.

Le aziende, d'altro canto, hanno la responsabilità di dare priorità al benessere dei propri dipendenti e delle comunità in cui operano. Ciò include considerazioni etiche come un'equa remunerazione, l'offerta di opportunità di miglioramento e riqualificazione e il contributo attivo allo sviluppo sociale ed economico dei lavoratori. nelle regioni in cui operano. Adottando pratiche etiche, le aziende possono contribuire a mitigare gli impatti negativi della disoccupazione e contribuire a una società più equa.

6.4.3 Uso etico dell'automazione e dell'intelligenza artificiale

Poiché l'automazione e l'intelligenza artificiale continuano ad avanzare, è fondamentale considerare le implicazioni etiche del loro utilizzo. Dovrebbero essere stabilite linee guida etiche per garantire che queste tecnologie siano sviluppate e utilizzate in modo da avvantaggiare la società nel suo complesso. Ciò include affrontare questioni quali la privacy, la sicurezza dei dati e il potenziale di pregiudizi e discriminazioni nel processo decisionale algoritmico.

Inoltre, dovrebbero essere date considerazioni etiche all'impatto dell'automazione sull'ambiente. Se da un lato l'automazione può portare a una maggiore efficienza e produttività, dall'altro può anche contribuire all'esaurimento delle risorse e al degrado ambientale. È essenziale sviluppare e implementare pratiche sostenibili che riducano al minimo gli impatti ambientali negativi dell'automazione.

6.4.4 Promozione dei valori umani e del benessere

In una società senza lavoro, diventa ancora più cruciale dare priorità ai valori umani e al benessere. Man mano che la tecnologia prende il sopravvento sui compiti di routine e ripetitivi, c'è l'opportunità di concentrarsi sullo sviluppo e sull'utilizzo di abilità umane uniche come la creatività, il pensiero critico e l'intelligenza emotiva. Enfatizzando queste competenze, possiamo creare una società che valorizza la connessione umana, l'empatia e la crescita personale.

L'istruzione e la formazione svolgono un ruolo fondamentale nella promozione di questi valori umani. È essenziale ripensare i sistemi educativi per dotare gli individui delle competenze necessarie per prosperare in una società senza lavoro. Ciò include la promozione della creatività, l'incoraggiamento dell'apprendimento permanente e la promozione dell'adattabilità e della resilienza. Dando priorità a questi valori, possiamo creare una società che valorizza il benessere olistico dei suoi cittadini.

6.4.5 Considerazioni etiche nella ridefinizione del lavoro

In una società senza lavoro, il concetto stesso di lavoro subisce una trasformazione. È fondamentale considerare le implicazioni etiche di questa ridefinizione. Il lavoro è stato a lungo associato alla produttività e al contributo alla società, ed è essenziale garantire che gli individui continuino a trovare un significato e uno scopo nella propria vita.

Una considerazione etica è la necessità di ridefinire l'atteggiamento della società nei confronti del lavoro. Invece di valutare gli individui esclusivamente in base al loro status occupazionale, dovremmo riconoscere e apprezzare i diversi contributi che gli individui apportano alla società, sia attraverso il lavoro retribuito, l'assistenza, il volontariato o altre forme di impegno significativo.

Un'altra considerazione etica è l'importanza di fornire agli individui opportunità di crescita personale e autorealizzazione. In una società senza lavoro, gli individui possono avere più tempo e libertà per perseguire le proprie passioni e interessi. È fondamentale creare una società che supporti e incoraggi gli individui nella loro ricerca della realizzazione personale e dell'espressione di sé.

6.4.6 Processo decisionale etico in una società senza lavoro

In una società senza lavoro, il processo decisionale etico diventa ancora più critico. Gli individui, le organizzazioni e i governi devono considerare le implicazioni sociali più ampie delle loro azioni. Ciò include la considerazione dell'impatto sugli individui che vengono sfollati dall'automazione, il potenziale di una maggiore disuguaglianza e la sostenibilità a lungo termine dei nostri sistemi economici e sociali.

Il processo decisionale etico richiede anche un impegno verso la trasparenza e la responsabilità. È essenziale che le organizzazioni e i governi siano aperti e onesti riguardo alle loro intenzioni e azioni e cerchino attivamente input e feedback da coloro che sono influenzati dalle loro decisioni. Promuovendo una cultura di trasparenza e responsabilità, possiamo garantire che le considerazioni etiche siano in prima linea nei processi decisionali.

In conclusione, il ruolo dell'etica in una società senza lavoro è fondamentale. Mentre affrontiamo le sfide e le opportunità presentate dall'automazione e dall'intelligenza artificiale, è fondamentale dare priorità all'equità, all'equità e al benessere degli individui e della società nel suo insieme. Abbracciando pratiche etiche e considerando le implicazioni sociali più ampie delle nostre azioni, possiamo creare un futuro che sia tecnologicamente avanzato che eticamente valido.

7

Il futuro dell'equilibrio tra lavoro e vita privata

7.1 Ridefinire l'equilibrio tra lavoro e vita privata

Nell'era della disoccupazione, in cui l'automazione e i progressi tecnologici hanno reso obsoleti molti lavori tradizionali, il concetto di equilibrio tra lavoro e vita privata assume un significato completamente nuovo. Con un minor numero di persone impegnate nell'occupazione tradizionale, i confini tra lavoro e vita personale diventano labili e gli individui si trovano ad affrontare la sfida di ridefinire il significato del lavoro per loro e il modo in cui si inserisce nel loro stile di vita generale.

La definizione di lavoro in evoluzione

In una società senza lavoro, il lavoro non è più definito esclusivamente dall'occupazione tradizionale. Comprende invece una gamma più ampia di attività che contribuiscono alla crescita personale, alla realizzazione e al miglioramento della società nel suo complesso. Le persone sono incoraggiate a esplorare le proprie passioni, perseguire sforzi creativi e impegnarsi in progetti significativi in linea con i propri valori e interessi.

Abbracciare flessibilità e autonomia

Con il declino dell'occupazione tradizionale, gli individui hanno l'opportunità di abbracciare modalità di lavoro flessibili che si adattino alle loro esigenze e preferenze specifiche. Il rigido orario dalle 9 alle 17 diventa un ricordo del passato, poiché le persone hanno la libertà di scegliere quando, dove e come lavorare. Questa ritrovata autonomia consente alle persone di dare priorità alla propria vita personale, trascorrere più tempo con i propri cari e perseguire interessi personali pur continuando a impegnarsi in un lavoro significativo.

Bilanciare più ruoli e responsabilità

In un'era senza lavoro, gli individui non sono più definiti esclusivamente dai loro ruoli professionali. Hanno la libertà di esplorare e abbracciare molteplici ruoli e responsabilità, come essere operatori sanitari, volontari, imprenditori o leader di comunità. Questo spostamento dell'attenzione da una singola carriera a una vita dalle molteplici sfaccettature consente alle persone di trovare soddisfazione in vari aspetti della loro vita e creare un approccio più equilibrato e olistico al lavoro e agli impegni personali.

Ridurre lo stress e il burnout

Il modello di lavoro tradizionale porta spesso a livelli elevati di stress e burnout a causa di orari prolungati, scadenze impegnative e pressione per lavorare costantemente. In una società senza lavoro, gli individui hanno l'opportunità di dare priorità al proprio benessere e alla salute mentale. Con la possibilità di impostare i propri orari e scegliere il lavoro in linea con le proprie passioni, le persone possono ridurre i livelli di stress e creare un equilibrio più sano tra lavoro e vita privata.

Sottolineando il tempo libero e le attività ricreative

In un mondo in cui il lavoro non è più l'obiettivo primario, il tempo libero e le attività ricreative assumono un ruolo più significativo nella vita delle persone. Gli individui hanno più tempo per dedicarsi alle attività che amano, come perseguire hobby, viaggiare, trascorrere del tempo nella natura o semplicemente rilassarsi e rigenerarsi. L'enfasi sul tempo libero e sulla ricreazione non solo migliora il benessere personale, ma favorisce anche la creatività, l'ispirazione e il senso di appagamento.

Trovare significato e scopo

Con la tradizionale nozione di lavoro messa in discussione, gli individui sono incoraggiati a cercare un significato e uno scopo nella loro vita al di là dei loro sforzi professionali. Hanno l'opportunità di esplorare le proprie passioni, contribuire alle cause in cui credono e avere un impatto positivo sulle loro comunità. Questo spostamento dell'attenzione dal semplice guadagnarsi da vivere alla realizzazione personale e al fare la differenza nel mondo consente alle persone di condurre una vita più orientata allo scopo.

Coltivare relazioni e connessioni

In un'era senza lavoro, in cui l'attenzione è rivolta alla crescita e alla realizzazione personale, le relazioni e le connessioni umane diventano ancora più vitali. Con più tempo a disposizione, le persone possono investire nella costruzione e nel coltivare relazioni significative con la famiglia, gli amici e le loro comunità. Forti connessioni sociali non solo forniscono sostegno e felicità, ma contribuiscono anche al benessere generale e al senso di appartenenza.

Abbracciare un approccio olistico

Ridefinire l'equilibrio tra lavoro e vita privata in una società senza lavoro richiede l'adozione di un approccio olistico che consideri tutti gli aspetti della vita di un individuo. Implica l'integrazione del lavoro, della vita personale, del tempo libero, delle relazioni e della crescita personale in un insieme coeso e appagante. Questo approccio olistico consente alle persone di condurre una vita più equilibrata, significativa e soddisfacente.

Mentre ci muoviamo nell'era della disoccupazione, è essenziale riconoscere che l'equilibrio tra lavoro e vita privata non riguarda più esclusivamente la separazione del lavoro dalla vita personale. Si tratta di trovare armonia, realizzazione e scopo in tutti gli aspetti della nostra vita. Abbracciando la flessibilità, coltivando le relazioni, dando priorità al benessere e perseguendo sforzi significativi, possiamo ridefinire l'equilibrio tra lavoro e vita privata e creare un futuro che non sia solo senza lavoro ma anche appagante e arricchente.

7.2 Accordi di lavoro flessibili

Nell'era della disoccupazione, in cui l'automazione e i progressi tecnologici hanno avuto un impatto significativo sul mercato del lavoro, le modalità di lavoro tradizionali vengono ridefinite. Il concetto di lavoro dalle 9 alle 5 in una sede fissa sta gradualmente lasciando il posto a modalità di lavoro più flessibili. Questi accordi offrono agli individui la libertà di scegliere quando, dove e come lavorare, garantendo un migliore equilibrio tra lavoro e vita privata e una maggiore autonomia.

7.2.1 L'ascesa del lavoro a distanza

Una delle modalità di lavoro flessibile più importanti è il lavoro a distanza. Con l'avvento di Internet ad alta velocità e di strumenti di comunicazione avanzati, lavorare da casa o da qualsiasi luogo al di fuori dell'ufficio tradizionale è diventato sempre più fattibile. Il lavoro a distanza offre numerosi vantaggi sia ai dipendenti che ai datori di lavoro.

Per i dipendenti, il lavoro a distanza elimina la necessità di spostarsi, risparmiando tempo prezioso e riducendo lo stress. Consente alle persone di creare un ambiente di lavoro personalizzato che si adatta alle loro preferenze ed esigenze. Il lavoro a distanza consente inoltre un migliore equilibrio tra lavoro e vita privata, poiché offre la flessibilità necessaria per gestire le responsabilità personali e professionali in modo più efficace.

Anche i datori di lavoro beneficiano di accordi di lavoro a distanza. Possono attingere a un pool di talenti globale, accedendo a professionisti qualificati provenienti da diverse località geografiche. Il lavoro a distanza spesso porta a un aumento della produttività, poiché i dipendenti hanno meno distrazioni e possono concentrarsi sulle proprie attività senza interruzioni. Inoltre, le aziende possono risparmiare sugli spazi degli uffici e sulle relative spese, contribuendo alla riduzione dei costi.

7.2.2 Orario flessibile e settimane lavorative compresse

L'orario flessibile è un altro accordo di lavoro flessibile che consente ai dipendenti di scegliere il proprio orario di lavoro entro determinati limiti. Invece di rispettare un programma fisso, le persone possono iniziare e terminare la giornata lavorativa in orari diversi. Questa disposizione riconosce che le persone hanno periodi di picco di produttività e impegni personali diversi al di fuori del lavoro.

Offrendo orari flessibili, i datori di lavoro possono soddisfare le diverse esigenze della loro forza lavoro. Promuove un più sano equilibrio tra lavoro e vita privata consentendo ai dipendenti di occuparsi di questioni personali, come obblighi familiari o perseguire hobby, senza sacrificare le proprie responsabilità professionali. L'orario flessibile migliora anche la soddisfazione e il morale dei dipendenti, portando ad una maggiore lealtà e produttività.

Le settimane lavorative compresse sono un'altra forma di organizzazione del lavoro flessibile che condensa la settimana lavorativa standard in meno giorni. Ad esempio, invece di lavorare cinque giorni da otto ore, i dipendenti possono lavorare quattro giorni da dieci ore. Questa disposizione offre alle persone fine settimana più lunghi, consentendo più tempo libero e l'opportunità di perseguire interessi personali.

Le settimane lavorative ridotte possono essere particolarmente vantaggiose per i dipendenti che devono fare lunghi spostamenti o desiderano più tempo ininterrotto per le attività personali. Può anche contribuire a ridurre il consumo di energia e la congestione del traffico, poiché meno giorni di pendolarismo si traducono in una diminuzione delle esigenze di trasporto.

7.2.3 Job Sharing e Lavoro Part-Time

Il job sharing è un accordo di lavoro flessibile in cui due o più dipendenti condividono le responsabilità di un'unica posizione a tempo pieno. Ogni dipendente lavora part-time, suddividendo il carico di lavoro e collaborando per garantire una transizione senza interruzioni tra i turni. Il job sharing consente agli individui di mantenere un equilibrio tra lavoro e vita privata pur continuando a contribuire alla forza lavoro.

Questa disposizione avvantaggia sia i dipendenti che i datori di lavoro. I dipendenti possono perseguire interessi personali o adempiere a responsabilità di assistenza pur rimanendo impegnati nel mondo del lavoro. I datori di lavoro, d'altro canto, possono trattenere dipendenti esperti che altrimenti potrebbero andarsene a causa di circostanze personali. Il job sharing promuove anche la condivisione delle conoscenze e la collaborazione, poiché i dipendenti lavorano a stretto contatto per garantire la continuità nel loro ruolo condiviso.

Il lavoro part-time è un altro accordo flessibile che consente alle persone di lavorare meno ore rispetto a una posizione standard a tempo pieno. Fornisce alle persone l'opportunità di conciliare il lavoro con gli impegni personali o di perseguire un'istruzione o una formazione aggiuntiva. Il lavoro part-time è particolarmente attraente per i genitori con figli piccoli, gli studenti o le persone in transizione verso la pensione.

I datori di lavoro possono beneficiare di accordi di lavoro a tempo parziale accedendo a un bacino più ampio di talenti e riducendo i costi del lavoro. I dipendenti part-time spesso apportano prospettive uniche e competenze diversificate alla forza lavoro, contribuendo ad aumentare la creatività e l'innovazione all'interno dell'organizzazione.

7.2.4 Freelance e Gig Economy

Il freelance e la gig economy hanno registrato una crescita significativa negli ultimi anni. Queste modalità di lavoro flessibili coinvolgono individui che lavorano sulla base di un progetto o di un compito, spesso per più clienti o aziende. I freelance hanno la libertà di scegliere i progetti su cui lavorare, fissare le tariffe e determinare i propri programmi.

La gig economy offre alle persone l'opportunità di perseguire le proprie passioni e sfruttare le proprie competenze in modo flessibile. Consente un maggiore controllo sull'equilibrio tra lavoro e vita privata e la possibilità di guadagnare un reddito più elevato in base alle prestazioni e alla domanda. I freelance hanno anche il vantaggio di lavorare con una varietà di clienti, acquisendo esperienze diverse ed espandendo la propria rete professionale.

Per le aziende, i liberi professionisti offrono una soluzione conveniente per soddisfare esigenze di progetti specifici senza l'impegno a lungo termine di assumere dipendenti a tempo pieno. Possono attingere ad abilità e competenze specialistiche su richiesta, garantendo il completamento efficiente del progetto. La gig economy promuove anche l'innovazione e l'imprenditorialità, poiché gli individui hanno la libertà di esplorare nuove idee e creare le proprie opportunità.

Conclusione

Nell'era della disoccupazione, le modalità di lavoro flessibili stanno diventando sempre più diffuse. Il lavoro a distanza, l'orario flessibile, le settimane lavorative compresse, il job sharing, il lavoro part-time, il freelance e la gig economy offrono agli individui la libertà di progettare la propria vita lavorativa in base alle proprie preferenze ed esigenze. Questi accordi promuovono un migliore equilibrio tra lavoro e vita privata, una maggiore autonomia e l'opportunità di perseguire interessi e passioni personali. Poiché il mercato del lavoro continua ad evolversi, adottare modalità di lavoro flessibili sarà fondamentale per creare un futuro positivo in cui gli individui possano prosperare sia a livello personale che professionale.

7.3 L'importanza del tempo libero e delle attività ricreative

In un'era senza lavoro, in cui l'automazione e la tecnologia hanno preso il posto di molti lavori tradizionali, il concetto di tempo libero e svago diventa ancora più cruciale. Man mano che la natura del lavoro cambia e il tradizionale lavoro dalle 9 alle 5 diventa meno diffuso, le persone hanno più tempo e libertà per esplorare i propri interessi, hobby e passioni personali. Questo cambiamento nel mercato del lavoro offre alle persone l'opportunità di ridefinire il proprio equilibrio tra lavoro e vita privata e trovare soddisfazione al di fuori dell'occupazione tradizionale.

I vantaggi del tempo libero e della ricreazione

Le attività ricreative e ricreative svolgono un ruolo vitale nel mantenimento del benessere fisico, mentale ed emotivo. Impegnarsi in attività che portano gioia, relax e crescita personale può avere numerosi benefici, soprattutto in una società senza lavoro. Ecco alcuni dei principali vantaggi:

Il tempo libero e la ricreazione offrono una via di fuga dalle pressioni e dallo stress della vita quotidiana. Impegnarsi in attività come sport, hobby o attività creative può aiutare a ridurre l'ansia, migliorare l'umore e migliorare il benessere mentale generale. Prendersi del tempo per il tempo libero consente alle persone di ricaricarsi e ringiovanire, portando ad una maggiore produttività e ad una migliore capacità di affrontare le sfide.

2. Crescita personale e sviluppo delle competenze

Con più tempo a disposizione, le persone possono dedicarsi alla crescita personale e allo sviluppo delle competenze. Perseguire hobby e interessi può portare all'acquisizione di nuove competenze e conoscenze, favorendo un senso di realizzazione e di auto-miglioramento. Che si tratti di imparare uno strumento musicale, dipingere, scrivere o esplorare nuovi sport, le attività del tempo libero offrono opportunità di apprendimento continuo e di sviluppo personale.

3. Relazioni e connessioni sociali migliorate

Le attività ricreative e di svago spesso implicano l'interazione sociale, che è essenziale per costruire e mantenere le relazioni. In un'era senza lavoro, in cui le connessioni tradizionali sul posto di lavoro possono essere limitate, impegnarsi in attività ricreative può aiutare le persone a stringere nuove amicizie e rafforzare i legami esistenti. La partecipazione ad attività di gruppo, club o eventi comunitari offre opportunità di socializzazione, networking e creazione di un senso di appartenenza.

4. Miglioramento della salute fisica

Molte attività ricreative e ricreative implicano movimento fisico ed esercizio fisico, contribuendo a migliorare la salute fisica. Impegnarsi in un'attività fisica regolare non solo aiuta a mantenere un peso sano, ma riduce anche il rischio di malattie croniche, migliora la salute cardiovascolare e migliora i livelli di forma fisica generali. Che si tratti di fare escursioni, nuotare, ballare o praticare yoga, incorporare le attività fisiche nel tempo libero può avere notevoli benefici per la salute a lungo termine.

5. Maggiore creatività e innovazione

Il tempo libero e le attività ricreative forniscono un terreno fertile per la creatività e l'innovazione. Quando le persone hanno la libertà di esplorare i propri interessi e passioni, spesso scoprono nuove idee, prospettive e soluzioni. Impegnarsi in attività creative come scrivere, dipingere o sperimentare nuove tecnologie può stimolare l'immaginazione e favorire il pensiero innovativo. Questa creatività può estendersi ad altri ambiti della vita, compreso il lavoro e la risoluzione dei problemi.

Conciliare tempo libero e lavoro

Sebbene il tempo libero e la ricreazione siano essenziali per il benessere personale, è fondamentale trovare un equilibrio tra tempo libero e lavoro in un'era senza lavoro. Ecco alcune strategie per garantire un sano equilibrio:

1. Gestione del tempo

Una gestione efficace del tempo è fondamentale per conciliare tempo libero e lavoro. Stabilendo confini chiari e assegnando tempo specifico alle attività del tempo libero, gli individui possono assicurarsi di avere periodi dedicati al relax e alle attività personali. Pianificare e stabilire le priorità delle attività può aiutare a evitare che il tempo libero venga oscurato dalle responsabilità legate al lavoro.

2. Dare priorità alla cura di sé

In una società in cui il lavoro non è più la fonte primaria di identità e scopo, gli individui devono dare priorità alla cura di sé. Ciò include prendersi cura della salute fisica, del benessere mentale e dei bisogni emotivi. Impegnarsi in attività ricreative che promuovano la cura di sé, come la meditazione, la consapevolezza o i trattamenti termali, può aiutare le persone a ricaricarsi e a mantenere un sano equilibrio tra lavoro e vita privata.

3. Esplorare nuovi interessi e hobby

Con più tempo a disposizione, le persone possono esplorare nuovi interessi e hobby che portano loro gioia e soddisfazione. Provare diverse attività e scoprire nuove passioni può aggiungere entusiasmo e varietà alla vita. Che si tratti di imparare una nuova lingua, dedicarsi alla fotografia o unirsi a una squadra sportiva, abbracciare nuove esperienze può arricchire il tempo libero e fornire uno scopo.

4. Disconnettersi dalla tecnologia

Sebbene la tecnologia abbia i suoi vantaggi, può anche essere fonte di distrazione e sovra stimolazione. Per godersi appieno il tempo libero e lo svago, è fondamentale disconnettersi periodicamente dalla tecnologia. Mettere da parte il tempo libero dalla tecnologia consente alle persone di essere pienamente presenti nelle loro attività ricreative, favorendo un più profondo senso di relax e divertimento.

5. Abbracciare una sana integrazione tra lavoro e vita privata

In un'era senza lavoro, i confini tra lavoro e tempo libero possono diventare labili. Abbracciare una sana integrazione tra lavoro e vita privata implica trovare modi per incorporare le attività del tempo libero nella vita quotidiana, anche se sono legate al lavoro o a progetti personali. Questo approccio consente alle persone di trovare significato e scopo nel proprio tempo libero pur perseguendo le proprie passioni e interessi.

Conclusione

In un'era senza lavoro, l'importanza del tempo libero e dello svago non può essere sopravvalutata. Man mano che i lavori tradizionali scarseggiano, le persone hanno l'opportunità di ridefinire il proprio equilibrio tra lavoro e vita privata ed esplorare nuove strade di realizzazione personale. Partecipare ad attività ricreative non solo promuove il benessere fisico e mentale, ma favorisce anche la crescita personale, la creatività e le connessioni sociali. Trovando un equilibrio tra tempo libero e lavoro, gli individui possono condurre una vita appagante e abbracciare le possibilità di un futuro senza lavoro.

7.4 Trovare significato e scopo in un'era senza lavoro

In un'era senza lavoro in cui l'automazione e la tecnologia hanno preso il posto di molti lavori tradizionali, trovare un significato e uno scopo nelle nostre vite diventa ancora più cruciale. Con l'aumento della disoccupazione e la natura mutevole del lavoro, è essenziale esplorare nuove strade per la realizzazione e la soddisfazione personale. Questo capitolo approfondisce l'importanza di trovare significato e scopo in un'era senza lavoro e fornisce approfondimenti su come le persone possono orientarsi in questo nuovo panorama.

7.4.1 Ridefinire il successo

In una società che ha a lungo equiparato il successo all'occupazione tradizionale e alla stabilità finanziaria, ridefinire il successo diventa imperativo in un'era senza lavoro. Invece di misurare il successo esclusivamente in base al titolo di lavoro o al reddito, gli individui possono spostare la propria attenzione verso la crescita personale, l'autorealizzazione e il contributo al benessere della società. Questa ridefinizione consente alle persone di esplorare percorsi alternativi e perseguire le proprie passioni, portando infine a una vita più appagante e propositiva.

7.4.2 Perseguire passioni personali

Con la libertà dall'occupazione tradizionale, le persone hanno l'opportunità di perseguire le proprie passioni e interessi personali. Che si tratti di arte, musica, scrittura o qualsiasi altra attività creativa, l'era della disoccupazione offre il tempo e la flessibilità per esplorare queste passioni a un livello più profondo. Impegnarsi in attività che portano gioia e soddisfazione non solo migliora il benessere personale, ma contribuisce anche al panorama culturale e artistico complessivo della società.

7.4.3 Volontariato e impegno della comunità

In un'era senza lavoro, gli individui possono trovare significato e scopo impegnandosi attivamente nelle loro comunità attraverso il volontariato e le iniziative sociali. Dedicando il proprio tempo e le proprie competenze alle cause in cui credono, gli individui possono avere un impatto positivo sulla società e creare uno scopo. Il volontariato non solo avvantaggia la comunità, ma fornisce anche agli individui un senso di realizzazione e connessione con altri che condividono valori e obiettivi simili.

7.4.4 Apprendimento permanente e sviluppo personale

In un mondo in rapida evoluzione, l'apprendimento continuo e lo sviluppo personale sono essenziali per trovare significato e scopo. Con la disponibilità di corsi, workshop e risorse online, le persone possono acquisire nuove competenze, ampliare le proprie conoscenze e rimanere rilevanti in un'era senza lavoro. L'impegno nell'apprendimento permanente non solo migliora la crescita personale, ma apre anche nuove opportunità di sviluppo personale e professionale.

7.4.5 Imprenditorialità e innovazione

L'era della disoccupazione rappresenta un'opportunità unica per gli individui di esplorare l'imprenditorialità e l'innovazione. Con la libertà di perseguire le proprie iniziative, gli individui possono creare attività in linea con i propri valori e passioni. L'imprenditorialità consente agli individui di assumere il controllo del proprio destino, creare lavoro significativo e contribuire all'economia in modi innovativi. Abbracciando l'imprenditorialità, gli individui possono trovare uno scopo e una realizzazione nel costruire qualcosa di proprio.

7.4.6 Adottare uno stile di vita equilibrato

In un'era senza lavoro, è fondamentale dare priorità a uno stile di vita equilibrato che comprenda non solo il lavoro ma anche il tempo libero, le relazioni e il benessere personale. Trovare significato e scopo richiede che le persone si prendano cura della propria salute fisica, mentale ed emotiva. Ciò può essere ottenuto attraverso attività come esercizio fisico, pratiche di consapevolezza, trascorrere del tempo di qualità con i propri cari e perseguire hobby e interessi al di fuori del lavoro. Abbracciando uno stile di vita equilibrato, le persone possono trovare soddisfazione in tutti gli aspetti della loro vita.

7.4.7 Contribuire al bene comune

Trovare significato e scopo in un'era senza lavoro implica anche contribuire al bene più grande della società. Gli individui possono impegnarsi in iniziative sociali e ambientali che siano in linea con i loro valori e abbiano un impatto positivo sul mondo. Che si tratti di sostenere la giustizia sociale, promuovere la sostenibilità o sostenere cause di beneficenza, contribuire al bene comune fornisce un senso di scopo e realizzazione che va oltre l'occupazione tradizionale.

7.4.8 Coltivare relazioni significative

In un'era senza lavoro, coltivare relazioni significative diventa ancora più importante. Con la natura mutevole del lavoro e il rischio di isolamento, gli individui devono dare priorità alla costruzione e al mantenimento delle relazioni con gli altri. Connessioni significative con la famiglia, gli amici e le comunità forniscono supporto, compagnia e senso di appartenenza. Queste relazioni contribuiscono al benessere personale e forniscono un senso di scopo e realizzazione in un'era senza lavoro.

7.4.9 Abbracciare la crescita personale e l'adattabilità

In un mondo in rapida evoluzione, abbracciare la crescita personale e l'adattabilità è fondamentale per trovare significato e scopo. Gli individui devono essere aperti a nuove esperienze, disposti a imparare dai fallimenti e adattabili alle mutevoli circostanze. Grazie alla continua evoluzione e crescita, gli individui possono affrontare le sfide di un'era senza lavoro con resilienza e trovare significato nel processo di sviluppo personale.

In un'era senza lavoro, è essenziale che gli individui riflettano sui propri valori e sulle proprie priorità. Comprendendo ciò che conta veramente per loro, gli individui possono fare scelte intenzionali in linea con le loro convinzioni e aspirazioni fondamentali. Questa autoriflessione consente agli individui di prendere decisioni che conducono a una vita più significativa e propositiva, anche in assenza di un impiego tradizionale.

Mentre attraversiamo l'era della disoccupazione, è fondamentale ricordare che trovare significato e scopo va oltre le nozioni tradizionali di lavoro. Ridefinendo il successo, perseguendo le passioni personali, impegnandosi in iniziative comunitarie, abbracciando la crescita personale e coltivando relazioni significative, gli individui possono prosperare in un'era senza lavoro e creare una vita appagante e propositiva.

8

Le crisi occupazionali nella storia e come sono state affrontate

8.1 le crisi occupazionali nella storia

Nel corso della storia ci sono stati vari periodi caratterizzati da una significativa disoccupazione della forza lavoro. Questi periodi spesso coincidono con recessioni economiche, cambiamenti tecnologici o grandi eventi geopolitici. Ecco alcuni periodi storici notevoli di elevata disoccupazione e le ragioni ad essi associate:

8.1.1 Grande Depressione (1929-1930):

La recessione economica più famosa e grave della storia moderna, la Grande Depressione, provocò una diffusa disoccupazione. Il crollo del mercato azionario del 1929, combinato con i fallimenti bancari e la mancanza di politiche economiche efficaci, portò ad una forte contrazione dell'attività economica. In alcuni paesi il tasso di disoccupazione è salito a oltre il 25%.

8.1.2 Dopo la Prima guerra mondiale (1919-1920):

Dopo la Prima guerra mondiale, molti paesi attraversarono una breve ma grave recessione. La smobilitazione dei soldati e il passaggio dalla produzione in tempo di guerra a quella in tempo di pace hanno contribuito alle sfide economiche e all'elevata disoccupazione.

8.1.3 Crisi petrolifera (anni '70):

Gli shock petroliferi degli anni '70, causati da eventi geopolitici in Medio Oriente, portarono all'impennata dei prezzi del petrolio. Ciò ha provocato la stagflazione – alta inflazione e alta disoccupazione – una combinazione che ha rappresentato una sfida per molte economie.

8.1.4. Recessione dei primi anni '80:

Una combinazione di politiche monetarie restrittive, tassi di interesse elevati e sforzi per frenare l'inflazione portò a una grave recessione all'inizio degli anni '80 negli Stati Uniti e in altre parti del mondo. I tassi di disoccupazione hanno raggiunto la doppia cifra in alcuni paesi.

8.1.5 Crisi finanziaria globale (2008-2009):

Innescata dal crollo del mercato immobiliare e dalla successiva crisi bancaria, la crisi finanziaria del 2008 ha provocato una grave recessione economica mondiale.

Molte imprese hanno dovuto affrontare il fallimento e i tassi di disoccupazione sono aumentati significativamente in diversi paesi.

8.1.6 Pandemia COVID-19 (2020):

La pandemia globale di COVID-19 ha portato a diffuse perturbazioni economiche, chiusure di aziende e lockdown. Molti settori, in particolare quelli dei viaggi, dell'ospitalità e dell'intrattenimento, hanno registrato significative perdite di posti di lavoro, portando a un aumento globale della disoccupazione.

8.1.7 Disoccupazione strutturale (vari periodi):

Nel corso della storia, ci sono stati periodi di disoccupazione strutturale causati da cambiamenti nella tecnologia, cambiamenti nelle industrie e dalla globalizzazione. Ad esempio, la rivoluzione industriale ha segnato una transizione dalle economie agricole a quelle industrializzate, con conseguente sfollamento e disoccupazione in alcuni settori.

8.1.8 Misure di austerità (vari periodi):

Alcuni periodi di elevata disoccupazione possono essere collegati a politiche governative, come le misure di austerità volte a ridurre la spesa pubblica. Queste misure, sebbene intese ad affrontare le sfide economiche, possono portare a perdite di posti di lavoro e contrazioni economiche.

È importante notare che le cause della disoccupazione sono spesso complesse e sfaccettate e coinvolgono una combinazione di fattori economici, sociali e politici. Inoltre, ogni periodo storico ha avuto circostanze uniche che hanno contribuito ad alti tassi di disoccupazione. I politici, gli economisti e le società cercano continuamente modi per mitigare queste sfide e promuovere una crescita economica stabile e inclusiva.

8.2. Come le società hanno superato le crisi derivati dalla disoccupazione

Superare periodi di enorme disoccupazione è stata una sfida nel corso della storia e sono state impiegate varie strategie per affrontare questo problema. Ecco alcuni modi in cui le società hanno cercato di superare l'elevata disoccupazione durante diversi periodi storici:

8.2.1 Programmi New Deal (anni '30 - Grande Depressione):

In risposta alla Grande Depressione, il presidente degli Stati Uniti Franklin D. Roosevelt attuò il New Deal, una serie di programmi e politiche volti a fornire sollievo, ripresa e riforme. Programmi come il Civilian Conservation Corps (CCC), la Works Progress Administration (WPA) e la Tennessee Valley Authority (TVA) hanno creato posti di lavoro, costruito infrastrutture e sostenuto la ripresa economica.

8.2.2 Ricostruzione post-Seconda guerra mondiale (anni '40 - post-Seconda guerra mondiale):

Dopo la Seconda guerra mondiale, molti paesi, soprattutto in Europa e in Giappone, dovettero affrontare il compito di ricostruire le economie devastate dalla guerra. I massicci sforzi di ricostruzione, compresi progetti infrastrutturali e di rivitalizzazione industriale, hanno creato posti di lavoro e hanno contribuito alla ripresa economica del dopoguerra.

8.2.3 Politiche economiche keynesiane (dopo la Seconda guerra mondiale):

Il dopoguerra vide l'adozione delle politiche economiche keynesiane, che enfatizzavano l'intervento del governo nell'economia per gestire la domanda. I governi hanno utilizzato politiche fiscali e monetarie per stabilizzare le economie e ridurre la disoccupazione.

8.2.4 Politica industriale e sviluppo (vari periodi):

In risposta alla disoccupazione strutturale causata dai cambiamenti tecnologici e industriali, i governi hanno talvolta implementato politiche industriali per promuovere nuove industrie e tecnologie. Questo approccio mira a creare posti di lavoro nei settori emergenti, aiutando al contempo i lavoratori a transitare dalle industrie in declino.

8.2.5 Misure anticicliche (vari periodi):

I governi spesso implementano misure anticicliche durante le recessioni economiche per stimolare la domanda e l'occupazione. Queste misure possono includere pacchetti di stimoli fiscali, allentamento monetario e investimenti mirati in settori chiave.

8.2.6 Riforme del mercato del lavoro (vari periodi):

Alcune società hanno intrapreso riforme del mercato del lavoro per affrontare la disoccupazione strutturale. Queste riforme possono includere programmi di formazione e riqualificazione, politiche flessibili del mercato del lavoro e iniziative per abbinare le competenze dei lavoratori con le esigenze in evoluzione del settore.

8.2.7 Istruzione e sviluppo delle competenze (in corso):

Investire nell'istruzione e nello sviluppo delle competenze è una strategia a lungo termine per affrontare la disoccupazione. Garantendo che la forza lavoro sia dotata delle competenze necessarie, le società possono adattarsi alle mutevoli condizioni economiche e promuovere l'innovazione.

8.2.8 Cooperazione globale (dopo la Seconda guerra mondiale):

La collaborazione internazionale e l'integrazione economica, come si vede in istituzioni come l'Unione Europea, hanno svolto un ruolo nel promuovere la stabilità e ridurre la disoccupazione. Il commercio aperto e la cooperazione possono portare alla crescita economica e a maggiori opportunità di lavoro.

8.2.9 Tecnologia e innovazione (in corso):

I progressi nella tecnologia e nell'innovazione hanno creato nuove industrie e opportunità di lavoro. Sebbene l'automazione possa portare allo spostamento di posti di lavoro in alcuni settori, ha anche contribuito alla creazione di nuovi posti di lavoro, spesso più qualificati.

8.2.10 Reti di sicurezza sociale (in corso):

La creazione di solide reti di sicurezza sociale, compresi i sussidi di disoccupazione, l'assistenza sanitaria e i programmi di assistenza sociale, può fornire un cuscinetto finanziario per gli individui durante i periodi di disoccupazione e contribuire alla stabilità economica.

È importante notare che il superamento della disoccupazione richiede una combinazione di interventi a breve termine e cambiamenti strutturali a lungo termine. Le strategie specifiche impiegate possono variare in base alla natura delle sfide economiche e al contesto sociale e politico di ciascun periodo.

9

La disoccupazione e le tendenze nel settore sanitario

9.1 Assistenza sanitaria nell'epoca della disoccupazione

Come abbiamo condiviso attraverso le pagine di questo libro, la disoccupazione non provocherà solo danni economici o sociali ma anche sanitari: cardiopatie, cancro, depressione, stress, separazioni, Alzheimer non sono che alcune delle patologie che aumenteranno esponenzialmente e richiederanno una rivisitazione e una preparazione a monte del settore sanitario. Il futuro dell'assistenza sanitaria in un'epoca di disoccupazione è destinato a subire numerosi cambiamenti e adattamenti per rispondere alle esigenze in evoluzione delle persone che potrebbero trovarsi ad affrontare la disoccupazione. Ecco alcune potenziali tendenze e considerazioni:

9.1.1 Telemedicina e assistenza remota:

Maggiore dipendenza dai servizi di telemedicina per fornire consultazioni mediche a distanza, supporto per la salute mentale e monitoraggio delle condizioni croniche. Ciò può aiutare a colmare le lacune nell'accesso all'assistenza sanitaria per coloro che si trovano ad affrontare disoccupazione o difficoltà finanziarie.

9.1.2 Focus sulla salute mentale e il benessere:

Maggiore enfasi sui servizi di salute mentale e sui programmi di benessere, riconoscendo l'impatto psicologico della disoccupazione. L'integrazione del supporto per la salute mentale nelle cure primarie e nei servizi comunitari può rappresentare un aspetto chiave dell'assistenza sanitaria futura.

9.1.3 Iniziative sanitarie comunitarie:

Attuazione di iniziative sanitarie a livello comunitario per rispondere ai bisogni sanitari specifici delle popolazioni locali. Queste iniziative possono includere cliniche mobili, centri sanitari comunitari e programmi di sensibilizzazione per migliorare l'accesso ai servizi di prevenzione e di assistenza primaria.

9.1.4 Educazione sanitaria e responsabilizzazione:

Un focus sull'educazione sanitaria e sull'empowerment per aiutare gli individui ad assumere il controllo del proprio benessere. Gli operatori sanitari possono svolgere un ruolo più attivo nell'educare le comunità sulle misure preventive, sugli stili di vita sani e sulle pratiche di auto-cura.

9.1.5 Formazione e miglioramento delle competenze della forza lavoro:

Iniziative per formare e migliorare le competenze degli operatori sanitari per soddisfare le mutevoli esigenze del panorama sanitario. Ciò può includere programmi di formazione per operatori sanitari di comunità, professionisti della telemedicina e coloro che sono coinvolti nei servizi di supporto alla salute mentale.

9.1.6 Collaborazione con i Servizi Sociali:

Maggiore collaborazione tra operatori sanitari e servizi sociali per affrontare i determinanti sociali della salute, tra cui la disoccupazione, l'instabilità abitativa e l'insicurezza alimentare. Un approccio olistico all'assistenza sanitaria può comportare partenariati con organizzazioni che affrontano queste questioni sociali più ampie.

9.1.7 Integrazione tecnologica per l'accessibilità:

• Sfruttare la tecnologia per una migliore accessibilità sanitaria. Ciò potrebbe comportare l'uso di app sanitarie mobili, dispositivi indossabili e altre tecnologie per facilitare l'automonitoraggio, il monitoraggio della salute e interventi tempestivi.

9.1.8 Programmi di benessere finanziario:

Integrazione dei programmi di benessere finanziario all'interno dei servizi sanitari. Riconoscendo l'interconnessione tra salute finanziaria e fisica, gli operatori sanitari possono offrire risorse e supporto per aiutare le persone a gestire il proprio benessere finanziario.

9.1.9 Strategie preventive e di salute della popolazione:

Maggiore enfasi sulle strategie preventive e sanitarie della popolazione per ridurre il carico sul sistema sanitario. Ciò include misure proattive come vaccinazioni, screening sanitari e interventi sullo stile di vita per prevenire l'insorgenza di malattie croniche.

9.1.10 Modifiche alle politiche e sostegno:

Sostegno a cambiamenti politici volti ad affrontare le disparità sanitarie e promuovere un accesso equo ai servizi sanitari. Ciò potrebbe comportare la promozione di riforme che sostengano l'assistenza sanitaria universale, un'estensione della copertura assicurativa e un migliore accesso a farmaci a prezzi accessibili.

9.1.11 Innovazione nell'erogazione dell'assistenza sanitaria:

Innovazione continua nei modelli di erogazione dell'assistenza sanitaria, comprese cure basate sul valore, organizzazioni assistenziali responsabili e altri approcci che danno priorità ai risultati per i pazienti e al rapporto costo-efficacia.

9.1.12 Coinvolgimento e responsabilizzazione della comunità:

Iniziative di coinvolgimento della comunità per coinvolgere gli individui nel proprio processo decisionale sanitario. Consentire alle comunità di partecipare attivamente alla promozione e alla prevenzione della salute può portare a risultati sanitari più sostenibili ed efficaci.

Sebbene l'esatta traiettoria dell'assistenza sanitaria nell'era della disoccupazione dipenderà da vari fattori, queste tendenze evidenziano le potenziali direzioni che i sistemi sanitari potrebbero intraprendere per affrontare le esigenze in evoluzione delle popolazioni che si trovano ad affrontare la disoccupazione. La collaborazione tra operatori sanitari, politici e comunità sarà essenziale per creare un ecosistema sanitario più resiliente e inclusivo.

9.2 le tendenze nell'assistenza psicologica

Gli psicologi possono svolgere un ruolo cruciale nell'affrontare i problemi psicologici causati dall'automazione sul lavoro. Ecco alcuni programmi e interventi che possono offrire:

9.2.1 Formazione sulla resilienza:

Sviluppare programmi di formazione sulla resilienza per aiutare le persone ad affrontare lo stress e le incertezze associate all'automazione. Concentrarsi sulla costruzione di resilienza psicologica, adattabilità e meccanismi di coping per affrontare i cambiamenti sul posto di lavoro.

9.2.2 Consulenza sulla transizione professionale:

Fornire servizi di consulenza alle persone che affrontano lo spostamento del lavoro a causa dell'automazione. Assistere nell'esplorazione di nuovi percorsi di carriera, nell'identificazione di competenze trasferibili e nello sviluppo di strategie per transizioni di carriera di successo.

9.2.3 Workshop sulla gestione dello stress:

Condurre seminari sulla gestione dello stress per affrontare l'ansia e la pressione che possono derivare dalle preoccupazioni sulla sicurezza del lavoro e dai cambiamenti nei ruoli lavorativi. Insegnare tecniche di riduzione dello stress, consapevolezza e metodi di rilassamento.

9.2.4 Programmi di sviluppo e formazione delle competenze:

Collaborare con le organizzazioni per offrire programmi di sviluppo delle competenze e di formazione. Dotare i dipendenti delle competenze necessarie per il mercato del lavoro in evoluzione, promuovendo un senso di competenza e fiducia di fronte al cambiamento.

2.5 Supporto alla gestione del cambiamento:

Assistere le organizzazioni nell'implementazione di strategie efficaci di gestione del cambiamento. Aiuta i dipendenti e comprendere e abbracciare i cambiamenti introdotti dall'automazione, promuovendo un atteggiamento positivo verso l'innovazione e l'adattamento.

9.2.6 Capacità di team building e comunicazione:

Offrire programmi di team building incentrati sul miglioramento della comunicazione e della collaborazione all'interno dei team. Il rafforzamento delle capacità interpersonali può migliorare le relazioni sul posto di lavoro e contribuire a un ambiente di lavoro positivo.

9.2.7 Coaching e pianificazione della carriera:

Fornire coaching di carriera personalizzato per aiutare i dipendenti a valutare i propri punti di forza, valori e obiettivi di carriera. Assistere nella creazione di piani di carriera personalizzati in linea con le mutevoli richieste del mercato del lavoro.

9.2.8 Programmi Benessere:

Sviluppare programmi di benessere completi che si rivolgano al benessere fisico e mentale. Incorpora elementi come fitness, alimentazione e supporto per la salute mentale per creare un approccio olistico al benessere dei dipendenti.

9.2.9 Workshop sulla riprogettazione del lavoro e sulla creazione del lavoro:

Esplorare laboratori di riprogettazione e creazione del lavoro per consentire ai dipendenti di modellare in modo proattivo i propri ruoli all'interno dell'organizzazione. Incoraggiare un senso di autonomia e personalizzazione nelle responsabilità lavorative.

9.2.10 Programmi di assistenza ai dipendenti (EAP):

Implementare o migliorare i programmi di assistenza ai dipendenti per fornire servizi di consulenza riservata, intervento in caso di crisi e supporto per la salute mentale per i dipendenti che affrontano sfide legate all'automazione e ai cambiamenti di lavoro.

9.2.11 Formazione sull'alfabetizzazione digitale:

Offrire programmi per migliorare le competenze di alfabetizzazione digitale. Aiuta i dipendenti a sviluppare competenze nell'utilizzo di nuove tecnologie, strumenti e piattaforme per garantire una transizione più fluida nell'ambiente di lavoro automatizzato.

9.2.12 Supporto comunitario e networking:

Facilitare opportunità di networking e gruppi di supporto in cui i dipendenti possano condividere esperienze, fornire supporto reciproco e creare un senso di comunità. Stabilire connessioni con altri che affrontano sfide simili può essere rassicurante.

9.2.13 Intervento in caso di crisi e primo soccorso per la salute mentale:

Formare manager e professionisti delle risorse umane nell'intervento in caso di crisi e nel primo soccorso nel campo della salute mentale. Fornire loro le competenze necessarie per identificare i segnali di disagio e fornire supporto iniziale a coloro che si trovano ad affrontare problemi di salute mentale.

Gli psicologi possono adattare questi programmi alle esigenze specifiche di individui e organizzazioni, promuovendo un approccio proattivo e di supporto per affrontare l'impatto psicologico dell'automazione sul lavoro.

10

Abbracciare il cambiamento

10.1 Il potere dell'adattabilità

Nel panorama in continua evoluzione del mercato del lavoro, l'adattabilità è diventata una competenza cruciale affinché gli individui possano prosperare nell'era della disoccupazione. La capacità di adattarsi alle nuove tecnologie, industrie e ambienti di lavoro è essenziale per rimanere rilevanti e avere successo in un mondo in cui i lavori tradizionali stanno diventando obsoleti. Questa sezione esplora il potere dell'adattabilità e come può essere sfruttato per affrontare le sfide e le opportunità dell'era della disoccupazione.

La necessità di adattabilità

Mentre l'automazione e l'intelligenza artificiale continuano ad avanzare, il mercato del lavoro sta subendo una trasformazione significativa. Molti lavori tradizionali vengono sostituiti dalle macchine, portando ad un aumento dei tassi di disoccupazione. In questo ambiente in rapida evoluzione, gli individui che sono resistenti al cambiamento e non disposti ad adattarsi possono ritrovarsi lasciati indietro.

L'adattabilità è la chiave per sopravvivere in questa nuova era. Consente alle persone di abbracciare il cambiamento, apprendere nuove competenze ed esplorare settori e opportunità emergenti. Essendo adattabili, gli individui possono posizionarsi per trarre vantaggio dal mercato del lavoro in evoluzione e trovare nuove strade per l'occupazione.

Abbracciare l'apprendimento continuo

Uno degli aspetti fondamentali dell'adattabilità è l'impegno per l'apprendimento permanente. In un'era senza lavoro, in cui le competenze diventano rapidamente obsolete, gli individui devono essere disposti ad acquisire continuamente nuove conoscenze e sviluppare nuove competenze. Ciò può essere ottenuto attraverso l'istruzione formale, corsi online, workshop o anche l'apprendimento autodiretto.

Abbracciando l'apprendimento continuo, le persone possono stare al passo con i tempi e restare competitive nel mercato del lavoro. Possono acquisire nuove competenze richieste e adattarsi alle mutevoli esigenze delle industrie. Ciò non solo aumenta la loro occupabilità, ma apre anche nuove opportunità di crescita e avanzamento di carriera.

Flessibilità e Versatilità

L'adattabilità implica anche essere flessibili e versatili nel proprio approccio al lavoro. In un'era senza lavoro, le persone potrebbero dover esplorare diversi settori, assumere più ruoli o addirittura cambiare completamente carriera. Essere aperti a nuove esperienze e disposti a uscire dalla propria zona di comfort può portare a entusiasmanti opportunità e crescita personale.

La flessibilità si estende anche alle modalità di lavoro. Con l'aumento del lavoro a distanza e della gig economy, gli individui hanno la libertà di scegliere quando, dove e come lavorare. Abbracciare questa flessibilità consente alle persone di creare un equilibrio tra lavoro e vita privata che si adatta alle loro esigenze e preferenze.

Accettare il cambiamento e assumersi dei rischi

L'adattabilità richiede che gli individui accettino il cambiamento e siano disposti a correre dei rischi. Implica entrare nell'ignoto, provare cose nuove e sentirsi a proprio agio con l'incertezza. Questa mentalità consente alle persone di cogliere le opportunità che possono presentarsi nell'era della disoccupazione e di assumersi rischi calcolati per perseguire i propri obiettivi.

Abbracciando il cambiamento e assumendosi dei rischi, gli individui possono liberarsi dai vincoli dell'occupazione tradizionale ed esplorare iniziative imprenditoriali o lavoro autonomo. Ciò può portare a una maggiore autonomia, creatività e realizzazione nel loro lavoro.

L'adattabilità è strettamente legata alla resilienza. Di fronte alle avversità e agli insuccessi, gli individui che si adattano possono riprendersi e trovare percorsi alternativi verso il successo. Non si lasciano scoraggiare dai fallimenti ma li vedono come opportunità di crescita e apprendimento.

Costruire la resilienza implica sviluppare una mentalità positiva, coltivare forti capacità di risoluzione dei problemi e mantenere un senso di ottimismo. Permette alle persone di affrontare le sfide dell'era della disoccupazione con fiducia e perseveranza.

Abbracciare la collaborazione e il networking

In un'era senza lavoro, la collaborazione e il networking diventano ancora più critici. Entrando in contatto con altri nel proprio campo o settore, le persone possono rimanere informate sulle tendenze emergenti, condividere conoscenze e collaborare ai progetti. Il networking apre anche le porte a nuove opportunità e potenziali partenariati.

Gli individui adattabili comprendono il valore della costruzione di relazioni e cercano attivamente opportunità per connettersi con gli altri. Si impegnano in comunità professionali, partecipano a conferenze ed eventi e sfruttano le piattaforme di social media per espandere la propria rete.

L'adattabilità è la chiave per prosperare nell'era della disoccupazione. Abbracciando il cambiamento, imparando continuamente, essendo flessibili e assumendosi dei rischi, le persone possono posizionarsi per avere successo in un mercato del lavoro in rapida evoluzione. Costruire la resilienza e promuovere la collaborazione migliora ulteriormente la loro capacità di affrontare le sfide e cogliere le opportunità che si presentano. In quest'era di incertezza, l'adattabilità non è solo un'abilità; è una mentalità che consente agli individui di creare un futuro positivo per se stessi.

10.2 Superare la paura e la resistenza

In un mondo in cui l'automazione e la tecnologia stanno rapidamente trasformando il mercato del lavoro, è naturale che gli individui provino paura e resistenza. L'idea di perdere il lavoro a causa di una macchina o di non riuscire a tenere il passo con le mutevoli esigenze della forza lavoro può essere scoraggiante. Tuttavia, è essenziale capire che abbracciare il cambiamento è fondamentale per la crescita personale e il successo nell'era della disoccupazione.

Comprendere la paura

La paura è una risposta naturale all'ignoto e la prospettiva di un futuro senza lavoro può essere schiacciante. Le persone possono temere di perdere i propri mezzi di sussistenza, la stabilità finanziaria e persino il senso di identità legato alle proprie professioni. È importante riconoscere queste paure e capire che sono valide. Tuttavia, soffermarsi solo sulla paura può ostacolare la crescita personale e impedire agli individui di adattarsi al panorama in evoluzione.

Abbracciare il cambiamento

Superare la paura e la resistenza inizia con l'accettare il cambiamento. Invece di considerare l'automazione e la tecnologia come minacce, è importante vederle come opportunità di crescita e innovazione. Accettando che il mercato del lavoro si sta evolvendo, gli individui possono aprirsi a nuove possibilità ed esplorare diverse strade per il successo.

Sviluppare una mentalità di crescita

Una mentalità di crescita è un potente strumento per superare la paura e la resistenza. È la convinzione che le proprie capacità e intelligenza possano essere sviluppate attraverso la dedizione e il duro lavoro. Adottando una mentalità di crescita, gli individui possono vedere le sfide come opportunità di apprendimento e miglioramento. Questa mentalità consente lo sviluppo di nuove competenze e la capacità di adattarsi alle mutevoli circostanze.

Abbracciare l'apprendimento permanente

In un'era senza lavoro, l'apprendimento permanente è fondamentale e non può essere sopravvalutato. Poiché la tecnologia continua ad avanzare, nuove competenze e conoscenze diventano essenziali per rimanere rilevanti nel mercato del lavoro. Abbracciando l'apprendimento permanente, gli individui possono acquisire continuamente nuove competenze, adattarsi alle nuove tecnologie e rimanere competitivi nel mondo del lavoro.

Cerco supporto e collaborazione

Superare la paura e la resistenza non è un viaggio che deve essere intrapreso da soli. Cercare il sostegno di colleghi, mentori e professionisti può fornire una guida e un incoraggiamento preziosi. Collaborare con altri che stanno attraversando l'era della disoccupazione può favorire un senso di comunità e creare opportunità di networking e condivisione di competenze.

Costruire la resilienza

La resilienza è la capacità di riprendersi dalle battute d'arresto e di adattarsi al cambiamento. In un'era senza lavoro, sviluppare la resilienza è fondamentale per affrontare le incertezze del futuro. Sviluppare la resilienza implica coltivare una mentalità positiva, praticare la cura di sé e mantenere un forte sistema di supporto. Costruendo la resilienza, gli individui possono affrontare le sfide a testa alta e riprendersi più forti che mai.

Abbracciare l'imprenditorialità

Un modo per superare la paura e la resistenza è abbracciare l'imprenditorialità. L'era senza lavoro rappresenta un'opportunità unica per gli individui di creare i propri percorsi e perseguire le proprie passioni. Avviando un'impresa o diventando lavoratori autonomi, gli individui possono prendere il controllo del proprio destino e creare le proprie opportunità.

In un'era senza lavoro, è importante adottare una mentalità di crescita. Questa mentalità consente alle persone di vedere le battute d'arresto come opportunità di crescita e apprendimento. Abbracciando una mentalità di crescita, gli individui possono superare la paura e la resistenza e affrontare il futuro con ottimismo e volontà di adattamento.

Superare la paura e la resistenza è essenziale per prosperare in un'era senza lavoro. Abbracciando il cambiamento, sviluppando una mentalità di crescita e cercando supporto, le persone possono affrontare le incertezze del futuro con fiducia. Abbracciare l'apprendimento permanente, sviluppare la resilienza e considerare l'imprenditorialità sono tutte strategie che possono aiutare le persone a superare la paura e la resistenza e a creare un futuro positivo per se stessi. L'era della disoccupazione può essere impegnativa, ma con la giusta mentalità e la volontà di adattarsi, le persone possono trovare successo e soddisfazione nel mondo del lavoro in evoluzione.

10.3 Abbracciare l'apprendimento permanente

In un mercato del lavoro in rapida evoluzione, in cui l'automazione e la tecnologia stanno sostituendo i lavori tradizionali a un ritmo senza precedenti, la necessità di apprendimento permanente è diventata più cruciale che mai. L'apprendimento permanente si riferisce al processo continuo di acquisizione di nuove conoscenze, abilità e competenze durante tutta la vita. È una mentalità che abbraccia il cambiamento e cerca la crescita personale e professionale per adattarsi alle richieste in evoluzione del mercato del lavoro.

10.3.1 L'importanza dell'apprendimento permanente

Abbracciare l'apprendimento permanente è essenziale in un'era senza lavoro perché consente alle persone di rimanere rilevanti e competitive di fronte ai progressi tecnologici. Man mano che l'automazione prende il sopravvento su compiti di routine e ripetitivi, la domanda di competenze unicamente umane, come il pensiero critico, la risoluzione dei problemi, la creatività e l'intelligenza emotiva, è in aumento. L'apprendimento permanente consente alle persone di sviluppare e migliorare queste competenze, rendendole più preziose nel mercato del lavoro.

Inoltre, l'apprendimento permanente promuove l'adattabilità e la resilienza. Acquisendo continuamente nuove conoscenze e competenze, gli individui diventano più flessibili e meglio attrezzati per affrontare il panorama lavorativo in evoluzione. Possono facilmente passare a nuovi ruoli o settori, mitigando il rischio di disoccupazione. Gli studenti che imparano per tutta la vita sono più propensi ad abbracciare il cambiamento e a vederlo come un'opportunità di crescita piuttosto che come una minaccia.

10.3.2 Strategie per l'apprendimento permanente

Per abbracciare efficacemente l'apprendimento permanente, gli individui devono adottare determinate strategie che facilitino la crescita e lo sviluppo continui. Ecco alcune strategie chiave da considerare:

10.3.2.1 Stabilire obiettivi di apprendimento

Inizia definendo obiettivi di apprendimento chiari. Identifica le competenze e le conoscenze che devi acquisire o migliorare per rimanere rilevante nel tuo campo o per esplorare nuove opportunità di carriera. Avendo obiettivi specifici, puoi strutturare il tuo percorso di apprendimento e misurare i tuoi progressi lungo il percorso.

10.3.2.2 Cercare diverse opportunità di apprendimento

L'apprendimento permanente non si limita all'istruzione formale. Esplora una varietà di opportunità di apprendimento, inclusi corsi online, workshop, seminari, conferenze ed eventi di networking. Interagisci con esperti nel tuo campo, unisciti ad associazioni professionali e partecipa a comunità di pratica per espandere le tue conoscenze e ottenere approfondimenti dagli altri.

10.3.2.3 Abbracciare la tecnologia

La tecnologia ha rivoluzionato il modo in cui apprendiamo. Sfrutta le piattaforme online, le app educative e le risorse digitali per accedere a una vasta gamma di informazioni e materiali didattici. Corsi online, webinar e aule virtuali offrono opzioni flessibili e convenienti per acquisire nuove competenze e conoscenze.

10.3.2.4 Coltivare una mentalità di crescita

Sviluppare una mentalità di crescita è fondamentale per l'apprendimento permanente. Accetta le sfide, considera i fallimenti come opportunità di apprendimento e credi nella tua capacità di apprendere e crescere. Adottare un atteggiamento positivo nei confronti dell'apprendimento alimenterà la tua motivazione e la tua resilienza, permettendoti di superare gli ostacoli e raggiungere i tuoi obiettivi di apprendimento.

10.3.2.5 Praticare l'apprendimento riflessivo

L'apprendimento riflessivo implica pensare e analizzare attivamente le tue esperienze di apprendimento. Valuta regolarmente i tuoi progressi, identifica le aree di miglioramento e adatta, di conseguenza le tue strategie di apprendimento. Riflettere sul proprio percorso di apprendimento aiuta a consolidare le conoscenze, aumenta la consapevolezza di sé e promuove il miglioramento continuo.

10.3.3 Benefici dell'apprendimento permanente

Abbracciare l'apprendimento permanente offre numerosi vantaggi che vanno oltre la crescita professionale. Ecco alcuni vantaggi chiave:

L'apprendimento permanente consente alle persone di perseguire le proprie passioni e interessi, portando alla crescita e alla realizzazione personale. Espandendo continuamente le proprie conoscenze e competenze, gli individui possono esplorare nuovi hobby, sviluppare nuovi talenti e impegnarsi in stimoli intellettuali per tutta la vita.

L'apprendimento continuo migliora l'occupabilità mantenendo le persone aggiornate con le ultime tendenze del settore e i progressi tecnologici. I datori di lavoro apprezzano le persone che dimostrano un impegno verso l'apprendimento e l'auto-miglioramento, rendendo gli studenti permanentemente candidati più attraenti per opportunità di lavoro.

L'apprendimento permanente fornisce agli individui la capacità di adattarsi alle mutevoli circostanze e di affrontare nuove sfide. Migliora le capacità di risoluzione dei problemi, le capacità di pensiero critico e la creatività, consentendo alle persone di affrontare situazioni complesse con sicurezza e agilità.

L'impegno nell'apprendimento permanente è stato collegato al miglioramento della funzione cognitiva e del benessere mentale. L'apprendimento di nuove competenze e l'acquisizione di conoscenze stimola il cervello, migliora la conservazione della memoria e promuove la salute cognitiva generale.

10.3.3.5 Connessione sociale e networking

L'apprendimento permanente offre opportunità di connessioni sociali e networking. Partecipare ad attività di apprendimento consente alle persone di incontrare persone che la pensano allo stesso modo, espandere le proprie reti professionali e collaborare a progetti, favorendo un senso di comunità e supporto.

10.3.4 Superare gli ostacoli all'apprendimento permanente

Sebbene l'apprendimento permanente offra numerosi vantaggi, possono esserci barriere che impediscono alle persone di accoglierlo pienamente. Ecco alcune barriere comuni e strategie per superarle:

10.3.4.1 Vincoli temporali

Gli orari fitti e gli impegni di lavoro possono rendere difficile allocare tempo per l'apprendimento. Dai priorità all'apprendimento creando un programma e dedicando fasce orarie specifiche per le attività di apprendimento. Suddividi i tuoi obiettivi di apprendimento in attività gestibili e lavora costantemente per raggiungerli.

Alcune opportunità di apprendimento possono comportare un costo finanziario. Tuttavia, sono spesso disponibili alternative gratuite o convenienti. Esplora risorse online, piattaforme educative aperte e borse di studio per accedere a materiali didattici di qualità senza spendere una fortuna.

Mantenere la motivazione può essere difficile, soprattutto di fronte a battute d'arresto o progressi lenti. Trova modi per rimanere motivati, ad esempio stabilendo premi per il raggiungimento di traguardi di apprendimento, trovando un partner responsabile o partecipando a un gruppo di studio. Festeggia i tuoi risultati lungo il percorso per mantenere alta la tua motivazione.

La paura del fallimento può impedire alle persone di assumersi rischi e perseguire nuove opportunità di apprendimento. Abbraccia una mentalità di crescita e riformula il fallimento come trampolino di lancio verso il successo. Ricorda che l'apprendimento è un viaggio e che gli ostacoli sono esperienze di apprendimento naturali e preziose.

10.3.5 Conclusione

In un'era senza lavoro, l'apprendimento permanente non è solo una scelta ma una necessità. Abbracciando l'apprendimento permanente, gli individui possono adattarsi al mercato del lavoro in evoluzione, migliorare la propria occupabilità e sperimentare crescita e realizzazione personale. È una mentalità che consente alle persone di affrontare le incertezze del futuro con fiducia e resilienza. Quindi, inizia oggi il tuo viaggio di apprendimento permanente e sblocca un mondo di opportunità.

10.4 Creare un futuro positivo

In un'era senza lavoro, in cui l'automazione e i progressi tecnologici hanno reso obsoleti molti lavori tradizionali, è fondamentale concentrarsi sulla creazione di un futuro positivo. Sebbene la prospettiva di una disoccupazione diffusa possa sembrare scoraggiante, rappresenta anche un'opportunità per la società di ridefinire il lavoro, esplorare nuove strade di produttività e promuovere un'esistenza più appagante e significativa. Questo capitolo approfondirà varie strategie e approcci che possono aiutarci a navigare in questo nuovo panorama e a plasmare un futuro positivo per tutti.

10.4.1 Abbracciare il cambiamento e l'innovazione

Per creare un futuro positivo in un'era senza lavoro è necessario abbracciare il cambiamento e promuovere una cultura dell'innovazione. Invece di resistere ai progressi tecnologici, gli individui e le società dovrebbero cercare attivamente modi per adattare e sfruttare questi progressi per il miglioramento dell'umanità. Abbracciare il cambiamento significa essere aperti a nuove idee, esplorare le tecnologie emergenti e apprendere ed evolversi continuamente. Abbracciando il cambiamento, possiamo sfruttare il potere dell'innovazione per creare nuove opportunità e industrie in linea con i bisogni e le aspirazioni di una società senza lavoro.

10.4.2 Promuovere l'imprenditorialità e la collaborazione

L'imprenditorialità svolge un ruolo fondamentale nella creazione di un futuro positivo in un'era senza lavoro. Con la scarsità dell'occupazione tradizionale, gli individui possono esplorare l'imprenditorialità come mezzo per creare le proprie opportunità. I governi e le organizzazioni possono sostenere gli aspiranti imprenditori fornendo accesso a risorse, programmi di tutoraggio e opportunità di finanziamento. Promuovendo l'imprenditorialità, possiamo incoraggiare la creatività, l'innovazione e la crescita economica, consentendo allo stesso tempo agli individui di assumere il controllo del proprio destino.

La collaborazione è un altro aspetto chiave per creare un futuro positivo. In un'era senza lavoro, la collaborazione diventa ancora più critica poiché gli individui e le organizzazioni devono lavorare insieme per affrontare le sfide sociali e creare soluzioni sostenibili. Promuovendo una mentalità collaborativa, possiamo mettere in comune le nostre conoscenze, competenze e risorse collettive per affrontare problemi complessi e creare una società più inclusiva ed equa.

L'istruzione e lo sviluppo delle competenze sono essenziali per creare un futuro positivo in un'era senza lavoro. Poiché l'automazione sostituisce molte attività di routine, cresce la necessità di dotare le persone delle competenze necessarie per i lavori del futuro. I sistemi educativi devono adattarsi per enfatizzare il pensiero critico, la risoluzione dei problemi, la creatività e l'intelligenza emotiva. Investendo nell'istruzione e nello sviluppo delle competenze, possiamo garantire che le persone siano preparate a prosperare in un mercato del lavoro in rapida evoluzione.

Inoltre, l'apprendimento permanente diventa cruciale in un'era senza lavoro. Poiché la tecnologia continua ad evolversi, le persone devono essere disposte ad aggiornare continuamente le proprie competenze e conoscenze. I governi, le organizzazioni e gli individui dovrebbero promuovere una cultura dell'apprendimento permanente fornendo opportunità di apprendimento accessibili e convenienti. Ciò può includere corsi online, programmi di formazione professionale e iniziative di tutoraggio. Abbracciando l'apprendimento permanente, gli individui possono rimanere adattabili e resilienti di fronte ai progressi tecnologici.

10.4.4 Coltivare il benessere e la salute mentale

Creare un futuro positivo in un'era senza lavoro va oltre le considerazioni economiche. Implica anche coltivare il benessere e dare priorità alla salute mentale. Con il cambiamento delle strutture lavorative tradizionali, gli individui possono provare sentimenti di incertezza, ansia e perdita di scopo. È fondamentale fornire sistemi di supporto che affrontino queste sfide e promuovano il benessere generale.

La società dovrebbe dare priorità ai servizi di salute mentale, alla consulenza e alle reti di supporto comunitario. Inoltre, gli individui possono coltivare pratiche come la consapevolezza, la cura di sé e il mantenimento di un sano equilibrio tra lavoro e vita privata. Coltivando il benessere e la salute mentale, possiamo creare una società che valorizza il successo e la felicità olistici, piuttosto che concentrarsi esclusivamente sui tradizionali parametri di occupazione.

10.4.5 Ridefinire successo e significato

In un'era senza lavoro, diventa imperativo ridefinire il successo e il significato. Invece di misurare il successo esclusivamente sulla base dell'occupazione tradizionale e della ricchezza finanziaria, la società dovrebbe ampliare la propria definizione per comprendere la crescita personale, il contributo alla comunità e il benessere generale. Spostando l'attenzione dalle attività materialistiche alla realizzazione personale e all'impatto sociale, possiamo creare un futuro più equilibrato e significativo.

Gli individui possono esplorare percorsi alternativi per trovare uno scopo e un significato, come il volontariato, il perseguimento di sforzi creativi o l'impegno nell'attivismo sociale. Allineando le passioni personali con i bisogni della società, gli individui possono contribuire al miglioramento della società trovando al tempo stesso la realizzazione personale.

10.4.6 Costruire una società sostenibile ed equa

Per creare un futuro positivo in un'era senza lavoro è necessario costruire una società sostenibile ed equa. Poiché l'automazione e i progressi tecnologici rimodellano il mercato del lavoro, è fondamentale garantire che i benefici siano distribuiti equamente e che nessuno venga lasciato indietro. I governi e le organizzazioni dovrebbero dare priorità alle politiche che promuovono l'uguaglianza dei redditi, le reti di sicurezza sociale e l'accesso ai beni di prima necessità per tutti.

Inoltre, la sostenibilità dovrebbe essere in prima linea nei nostri sforzi. Nell'abbracciare nuove tecnologie e industrie, dobbiamo dare priorità alla gestione ambientale e lavorare per un futuro più verde e sostenibile. Integrando la sostenibilità nei nostri sistemi economici e sociali, possiamo creare un futuro positivo che avvantaggia non solo gli individui ma anche il pianeta nel suo insieme.

In conclusione, creare un futuro positivo in un'era senza lavoro richiede di abbracciare il cambiamento, promuovere l'imprenditorialità e la collaborazione, investire nell'istruzione e nello sviluppo delle competenze, coltivare il benessere e la salute mentale, ridefinire il successo e il significato e costruire una società sostenibile ed equa. Adottando queste strategie, possiamo affrontare le sfide dell'automazione e dei progressi tecnologici creando al tempo stesso un futuro inclusivo, appagante e prospero per tutti.

Sommario